金融制度创新与中小企业融资困境纾解

潘家栋 肖文 著

ZHEJIANG UNIVERSITY PRESS
浙江大学出版社

图书在版编目(CIP)数据

金融制度创新与中小企业融资困境纾解 / 潘家栋，
肖文著. — 杭州：浙江大学出版社，2021.11
ISBN 978-7-308-22000-2

Ⅰ. ①金… Ⅱ. ①潘… ②肖… Ⅲ. ①中小企业－企
业融资－研究－中国 Ⅳ. ①F279.243

中国版本图书馆 CIP 数据核字(2021)第 232120 号

金融制度创新与中小企业融资困境纾解

潘家栋　肖　文　著

策划编辑	吴伟伟
责任编辑	丁沛岚
责任校对	陈　翾
封面设计	周　灵
出版发行	浙江大学出版社
	（杭州市天目山路 148 号　邮政编码 310007）
	（网址:http://www.zjupress.com）
排　　版	杭州朝曦图文设计有限公司
印　　刷	杭州高腾印务有限公司
开　　本	710mm×1000mm　1/16
印　　张	12.5
字　　数	182 千
版 印 次	2021 年 11 月第 1 版　2021 年 11 月第 1 次印刷
书　　号	ISBN 978-7-308-22000-2
定　　价	58.00 元

前　言

　　改革开放 40 余年,我国经济高速增长,国内生产总值从 1978 年
的 3678 亿元上升到 2020 年的 1015986 亿元,增加了 275.23 倍。[①] 在
此过程中,中小企业如雨后春笋,异军突起,成为推动我国经济社会发
展的主力军,贡献了 50％以上的税收、60％以上的 GDP、70％以上的
技术创新、80％以上的城镇劳动就业岗位、90％以上的企业数量。然
而,与之不匹配的是,长期以来我国中小企业从金融机构获取的贷款
额在全国银行贷款总额中徘徊在 10％左右,中小企业融资发展步履维
艰。但不可否认,中小企业由于规模小、抗风险能力弱、抵押品缺乏
等,不论何种行业、资产规模、区位环境等,中小企业融资难、融资贵的
问题一直存在。经过多次实地调研,包括前期走访调研数百家企业、
银行以及中小信贷机构,笔者认为中小企业融资难是当下中小企业发
展的共性问题,具体表现在"谁在难""难在哪"和"为何难"三大问题。

　　第一问:哪些企业存在融资难题? 哪些中小企业存在融资难题?
(谁在难)

　　"谁在难"需要回答的是哪些中小企业出现了融资困难。总结起

---

　　① 　数据来源:根据历年《国家统计局统计年鉴》及《中华人民共和国 2020 年
国民经济和社会发展统计公报》测算而得。

来,规模位于前 1/3 的企业融资情况相对来讲较好,不仅能够从银行获得贷款融资,也能够从民间直接获取资金。规模在中间 1/3 的企业勉强能够获得融资,能够从银行贷款,但往往是短期贷款,长期贷款相对而言较少。规模排在最后 1/3 的企业融资比较困难。由于它们固定资产不足、无抵押物、无担保、未来现金流不确定,往往很难获得融资。不仅如此,商业模式落后、市场占有率低、产品竞争力弱等因素也限制了大部分中小企业的融资规模,所以内生性的原因阻碍了中小企业的融资。

第二问:为何现阶段中小企业融资难问题表现得尤为突出? 造成中小企业融资难的直接原因是什么? (难在哪)

一是实体经济行业的中小企业发展困难,但是融资需求又很大。当前,国内经济下行压力依旧存在,影响中小企业持续发展。同时,全球"黑天鹅"事件频发,中美贸易摩擦愈演愈烈,而很多中小企业以出口为主,导致中小企业的经营面临极大挑战。不仅如此,原料、人力等要素成本的上升也加剧了中小企业的发展困境。在此背景下,中小企业需要大量资金,融资需求持续上升,但却难以满足。

二是现行的银行信贷评估体系限制了中小企业的融资空间。由于缺乏成熟完善的评估体系,很多银行要求融资企业提供抵押物品。但由于中小企业规模较小,抵押物品相对不足,导致了中小企业能够从银行获取贷款的难度增加。即使能够获取贷款,也需要支付更加高额的利息。银行贷款困难,迫使中小企业转向小额贷款公司,但却需要支付高额利息,这也增加了融资的风险。

三是资金市场中的"转贷"与"抽贷①"普遍存在,成为中小企业稳

---

① 抽贷是指在还未到协议规定的还款期限期间,银行认为企业经营出现了问题,提前收回贷款的行为。

定融资中的瓶颈。政府和各行业协会、组织试图通过设立"转贷"资金,帮助中小企业渡过阶段性资金短缺难关,但实际上转贷资金存在较大风险,即需要转贷资金为中小企业提供还款资金后,必须要求银行贷出新的资金用于偿还转贷资金,否则转贷资金方就成为中小企业的债权人,导致转贷资金无法继续运行。在这种情况下,部分银行频频"抽贷",令中小企业陷入更大的融资困境。

第三问:中小企业融资困境向来是世界性难题,但为何我国的中小企业融资难问题尤其突出？背后的深层次原因是什么？(为何难)

一是金融制度抑制。金融制度的不平衡导致了中小企业融资难和融资贵问题。从我国金融制度演进历史来看,长期金融抑制环境导致金融发展与创新被扭曲,而实体经济发展在不停的细分市场与细分行业、不间断的产业转型与升级过程中创造出旺盛的金融制度需求。二是企业融资需求旺盛,需要合理的金融制度,当前我国金融制度与企业融资需求的不匹配,加重了中小企业的融资困境。具体表现为银行业结构与中小企业融资需求不匹配、资本市场结构与中小企业融资需求不匹配、金融功能结构与中小企业融资需求不匹配、金融业态结构与中小企业融资需求不匹配。简言之,中小企业融资难的根本原因在于金融制度创新不足。

基于此,本书从金融制度创新视角分析中小企业融资的"谁在难""难在哪""为何难"三大基本问题,纾解中小企业融资困境,为突破现有制度发展瓶颈、扭转金融制度失衡局面提出政策建议。本书的结构安排如下:

第一篇为理论篇,主要包括第一至第三章。

第一章为中小企业融资困境的理论综述。本部分主要从中小企业融资的特征及困境表现形式、中小企业融资困境的理论释源、金融制度创新与融资困境纾解、中小企业融资困境纾解的对策研究等方面对既有理论进行回顾。

第二章为纾解中小企业融资困境的制度创新环境。本部分主要从金融制度的视角来剖析中小企业融资制度变迁的特征，阐述融资供求结构失衡的现状，并探讨融资制度失衡的主要原因，从我国金融制度创新的角度来分析中小企业融资困境的现状。

第三章为制度创新纾解中小企业融资困境的理论机制。本部分为本书的理论部分，将金融制度细分为组织制度、交易制度和监管制度，探讨组织制度创新、交易制度创新和监管制度创新对中小企业融资困境纾解的作用机制，从而奠定研究的理论基础。

第二篇为实践篇，主要包括第四至第七章。

第四章为金融制度创新纾解中小企业融资困境的实践。本部分基于北京、上海、广东、江苏、浙江等地的调研，选取组织制度创新、交易制度创新和监管制度创新的典型实践进行分析，以此来剖析金融制度创新对中小企业融资困境纾解的影响。

第五章为县域综合创新与中小企业融资困境纾解：路桥经验。笔者蹲点调研了台州市路桥区，从中小企业机构发展、金融服务下沉、政府服务体系、两岸金融合作等角度来探讨金融制度创新如何纾解中小企业融资困境。

第六章为创业投资发展与中小企业融资困境纾解：浙江调研。本部分以对浙江省的调查研究为基础，分析创业投资发展对中小企业融资困境纾解的作用，以及浙江省创业投资发展的现状。结合发达国家创业投资发展的典型经验，提出促进创业投资发展的对策。

第七章为政府服务优化与中小企业融资困境纾解：滨江案例。本部分以杭州高新区(滨江)为案例，分析政府服务优化为中小企业融资营造良好的环境，助力中小企业做强做大，从而打造"浙江资本第一区"。

　　第三篇为对策篇,主要包括第八章和第九章。

　　第八章为纾解中小企业融资困境创新思路。本部分基于理论研究和实践研究,提出中小企业融资制度创新的经验启示。在此基础上,剖析制度创新纾解中小企业融资困境的供给主体,并据此提出制度创新的重点方向,为保障体系构建提供相应的基础。

　　第九章为纾解中小企业融资困境的政策保障。本部分从组织制度、交易制度和监管制度入手,探讨金融制度创新纾解中小企业融资困境的保障体系,具体包括改革金融法律、拓展金融机构内生动力、激活民间资本、优化企业融资环境、加速利率市场化改革等。

　　概括来讲,本书具有以下三个方面的重要意义。

　　第一,有利于明确我国金融制度创新的发展目标和思路,为制定中小企业融资支持政策提供制度框架和基本原则。目前各级政府、各类银行制定的促进中小企业融资渠道建设的政策普遍存在重复性、同一性及方向单一性等问题。与此同时,创新金融制度需要充分克服盲目性和随意性,能够使金融制度与中小企业融资需求进行有效匹配,提出应从阶段性的角度来确定金融制度创新的发展目标,从而进行有效实施。

　　第二,有利于明确不同主体在金融制度创新中的地位和作用。在我国的金融制度中,政府起到了很好的引导作用。所以,创新金融制度需要充分发挥政府的引导作用,包括调动银行、小额贷款公司等不同主体在金融制度创新中的作用。与此同时,应当注重企业在金融制度创新中的重要作用,充分明确企业的需求,从不同主体的功能出发,进行有效的制度安排。所以需要进一步研究,明确金融创新主体的作用机制。

　　第三,有利于正确处理金融监管与金融制度创新的关系。党的十八届三中全会明确指出要发挥市场在资源配置中的决定性作用,所以市场也是配置金融资源的主导力量。但是金融制度功能的一部分是通过微观金融组织的经营行为实现的，比如资金配置和融通等功能，而微观金融组织总是倾向于创造更多的金融商品以增加利润。需要进一步研究我国金融监管机构如何更好地适应我国金融制度发展与创新，尤其是在深化金融改革的背景下，如何进一步完善金融监管体系，促使金融监管从机构性监管向功能性监管转变，以此提高监管效率，降低系统风险。

目　　录

第一篇　理论篇

第一篇　理论篇

第一章 中小企业融资困境的理论综述

第一节 中小企业融资的特征及困境

一、中小企业融资的特点分析

刘兴赛(2012)用具体化、精确化的数据提出中小企业融资是指目标客户资产在 1000 万～5000 万元、户均授信 500 万元以下的贷款业务,对中小企业融资做了明确界定。然而,目前学术界普遍认为,中小企业融资不仅仅只是贷款。刘伦和唐若蓝(2012)指出,中小企业融资更重要的是金融机构对中小企业、组织、体系、经济单元和经济行为进行所有资金融通的总称。李扬(2012b)明确指出,中小企业融资服务是专门向小型和微型企业提供小额度的可持续的金融产品和服务,以此来促进中小企业发展,但从内容来看,金融服务不只包括贷款,还有股权、资本金、存款、保险等一些增值服务,越来越多元化。从经营机构来看,中小金融机构相当广泛,包括商业银行、信用合作社、非营利组织、非银行金融机构以及村镇银行等。

自 20 世纪 70 年代以来,我国经济体制不断深化改革,经济发展速度日益加快,中小企业融资也经历着深刻的变革。这些变革广泛涉及服务对象、经营主体以及经营方式等各个方面,极大地拓展了发展空间,具体呈现出以下几个特点。

第一,金融服务对象不断扩展。传统上,说到中小、小微金融的服务对象,基本上会想到的是资金受限制的个人和企业,其服务手段大多数是津贴或者是政府的财政支出。但情况已经发生了变化,现在的中小、小微金融服务对象主要以不能从正规渠道获得金融服务的个人或小型企业为主(李扬,2012b)。小型和微型企业成为小微金融最重要的服务对象,因此如何界定小微企业不仅关系到企业自身在金融市场的定位和发展,更会影响国家财政政策倾斜度和宏观经济整体运行。根据美国国会 2000 年颁布的法律 *The Micro-enterprise For Self-Reliance Act* 以及 2003 年布什总统签署的 *Micro-enterprise Enhancement*,微型企业包括雇用员工不超过 10 人,或由贫困人口经营或拥有的公司。随着我国经济的快速发展,中小企业已经成为推动经济社会发展的重要力量,对中小企业的研究也是越来越多。在此之前,中小企业的定义至关重要,需要明确什么企业才能称为中小企业。从政府出台的相应文件来看,根据工业和信息化部、国家统计局、发展改革委和财政部 2011 年 6 月颁布的《中小企业划型标准规定》,我国将中小企业划分为中型、小型、微型三种类型,划分的具体标准是根据企业经营状况,包括从业人员、营业收入、资产总额等多个指标,综合考虑 16 个不同行业的特点而制定的,具体的分类标准如表 1.1 所示。

表 1.1　我国中小微企业划型标准规定

行业	中型企业标准	小型企业标准	微型企业标准
农、林、牧、渔业	营业收入 500 万元及以上	营业收入 50 万～500 万元	营业收入 50 万元以下

续　表

行业	中型企业标准	小型企业标准	微型企业标准
工业	从业人员 300 人及以上,且营业收入 2000 万元及以上	从业人员 20～300 人,且营业收入 300 万～2000 万元	从业人员 20 人以下或营业收入 300 万元以下
建筑业	营业收入 6000 万元及以上,且资产总额 5000 万元及以上	营业收入 300 万～6000 万元,且资产总额 300 万～5000 万元	营业收入 300 万元以下或资产总额 300 万元以下
批发业	从业人员 20 人及以上,且营业收入 5000 万元及以上	从业人员 5～20 人,且营业收入 1000 万～5000 万元	从业人员 5 人以下或营业收入 1000 万元以下
零售业	从业人员 50 人及以上,且营业收入 500 万元及以上	从业人员 10～50 人,且营业收入 100 万～500 万元	从业人员 10 人以下或营业收入 100 万元以下
交通运输业	从业人员 300 人及以上,且营业收入 3000 万元及以上	从业人员 20～300 人,且营业收入 200 万～3000 万元	从业人员 20 人以下或营业收入 200 万元以下
仓储业	从业人员 100 人及以上,且营业收入 1000 万元及以上	从业人员 20～100 人,且营业收入 100 万～1000 万元	从业人员 20 人以下或营业收入 100 万元以下
邮政业	从业人员 300 人及以上,且营业收入 2000 万元及以上	从业人员 20～300 人,且营业收入 100 万～2000 万元	从业人员 20 人以下或营业收入 100 万元以下
住宿业	从业人员 100 人及以上,且营业收入 2000 万元及以上	从业人员 10～100 人,且营业收入 100 万～2000 万元	从业人员 10 人以下或营业收入 100 万元以下
餐饮业	从业人员 100 人及以上,且营业收入 2000 万元及以上	从业人员 10～100 人,且营业收入 100 万～2000 万元	从业人员 10 人以下或营业收入 100 万元以下
信息传输业	从业人员 100 人及以上,且营业收入 1000 万元及以上	从业人员 10～100 人,且营业收入 100 万～1000 万元	从业人员 10 人以下或营业收入 100 万元以下

行业	中型企业标准	小型企业标准	微型企业标准
软件和信息技术服务业	从业人员 100 人及以上,且营业收入 1000 万元及以上	从业人员 10～100 人,且营业收入 50 万元～1000 万元	从业人员 10 人以下或营业收入 50 万元以下
房地产开发经营	营业收入 1000 万元及以上,且资产总额 5000 万元及以上	营业收入 100 万～1000 万元,且资产总额 2000 万～5000 万元	营业收入 100 万元以下或资产总额 2000 万元以下
物业管理	从业人员 300 人及以上,且营业收入 1000 万元及以上	从业人员 100～300 人,且营业收入 500 万～1000 万元	从业人员 100 人以下或营业收入 500 万元以下
租赁和商务服务业	从业人员 100 人及以上,且资产总额 8000 万元及以上	从业人员 10～100 人,且资产总额 100 万～8000 万元	从业人员 10 人以下或资产总额 100 万元以下
其他未列明行业	从业人员 100 人及以上	从业人员 10～100 人	从业人员 10 人以下

第二,金融产品不断深化。在过去,中小企业融资以小型贷款为主,经过几十年的发展,中小企业融资内涵更加丰富,已经涵盖贷款、担保、保险等多种资金融通活动,且信贷技术和融资模式不断创新。李扬(2012b)就曾指出,企业融资不只是小微贷款。张宝山等(2013)对我国银行业中小企业金融产品进行了研究,发现各商业银行所推出的金融产品在贷款额度、贷款期限等方面积极创新,针对特定行业开发特色金融产品,此外众多金融产品集金融、商务、社交于一身,为中小企业提供多元服务。黎纪东(2013)分析了我国股份制商业银行中小企业金融产品,主要以民生银行和招商银行为代表展开分析,因为它们有独具特色的业务模式:民生银行的中小企业融资不再局限于单纯的小微企业贷款,已经开始为中小企业提供结算和家庭财富管理服务;招商银行的"生意一卡通"业务,为中小企业提供包括存款结算、转账汇款、工资代发、财富管理等综合金融服务,更可享受商旅预订、折

扣优惠等增值金融服务。除了信贷技术的不断被创新外,针对中小企业的新型融资模式也在不断被探索。张艳婷(2012)分析了产业集群视角下的供应链融资模式,认为它有效地解决了中小企业融资难问题。罗霞(2011)以山东禹城为例,探讨了中小企业互助担保融资模式的发展与实践。

第三,金融经营主体不断多元。除传统的国有商业银行、股份制商业银行外,城市商业银行、农村信用合作社、村镇银行以及小额贷款公司等中小金融机构不断兴起,在中小企业融资难、融资贵问题的解决过程中扮演着越来越重要的角色。刘伦和唐若蓝(2012)在论及小微金融概念的时候就曾指出,小微金融机构包括正规小微金融组织,如农村信用合作社、农村商业银行等,也包括非正规小微金融组织,如农村合作基金会、经济服务部、金融服务部等。民营企业大多是中小企业,所以中小金融机构与民营企业是天生的合作伙伴(陈时兴,2007)。现阶段,不管在理论角度还是实践方面,都要积极鼓励中小金融机构的发展。巴曙松(2012)在探讨小微金融发展对策时就已指出,要适当放宽金融市场准入门槛,充分鼓励小贷公司等中小金融机构的发展,以支持中小金融机构发展为突破口,探索可持续的商业模式。

二、间接融资困境研究

所谓间接融资是指通过银行等金融中介机构,把分散主体的资金集中起来,再通过信贷的方式贷给资金需求者的融资方式,借助的方式主要是存贷款。据不完全统计,我国中小企业的融资总量中有一半以上是依靠商业银行的信贷而得,且借贷的期限普遍较短,数额相对较小,主要用于解决临时性的流动资金需求。

范王榜和张美丽(2007)利用非对称信息和信贷配给理论,对我国中小企业的间接融资缺口进行了分析。研究结论表明,银行和金融机构更加强调资金的稳定性和安全性,但中小企业很难提供良好的抵押品、健全的征信,这导致银行和金融机构更加倾向于向大型企业提供贷款,而对于中小企业则是采用信贷配给的状态,导致中小企业信贷供给明显不足,由此形成了中小企业融资难的问题。与之对应,王岳和赵庆国(2009)的研究结论表明,我国中小企业的短期贷款缺口很大,长期贷款更无着落。在其调研中,81%的中小企业年度流动资金仅能满足部分需要。造成中小企业间接融资难的原因主要包括缺乏抵押品、信息不对称及缺乏信用担保三个方面,而这也是中小企业普遍面临的问题。这种情况可以说是普遍存在的。一方面,中小企业很难获得银行贷款,即便是拿到了,也需要支付高额利息;另一方面,中小企业对资金的需求量又非常大。供需结构的失衡造成了中小企业融资难,进而影响了中小企业的发展(袁诚,周培奇,2010)。卢高翔(2012)对我国中小企业间接融资的现状和特征进行了剖析,指出金融机构往往对中小企业惜贷,一般国有商业银行的政策首先是优先保证国有大型企业,中小企业往往是排在最后位考虑的。据统计,60%左右的中小企业无法获得1~3年的中长期贷款。不仅如此,中小企业贷款融资成本也居高不下。由于中小企业的贷款规模小、贷款次数多且信用担保弱,一定程度上会造成银行经营成本升高、管理费用增加,所以银行经常会提高对中小企业的贷款利率,从而产生中小企业融资成本贵的问题。而且,相较于国有大中型企业,中小企业的抵押品少、征信体系弱,银行给中小企业贷款需要面对更大的融资风险,在此情况下,高利息是必然的。邢乐成和梁永贤(2013)发现,中小企业贷款总额仅占金融机构全部贷款的1/3,也就是说占企业总数90%以上的中小企业,仅分配到30%左右的信贷总量,这就是"谁在难"的问题。

三、直接融资困境研究

直接融资是指资金的供需双方通过一定的金融工具(股权或债券)直接形成股权或债权关系的金融行为。直接融资包括股权融资和债券融资。

在股权融资方面,我国资本市场起步较晚,尚处于发展阶段。企业发行股票上市融资有着十分严格的限制条件,中小企业往往很难达到这些条件。因为中小企业大多处于创业期和成长期,很难达到上市门槛(邢乐成,韦倩,王凯,2011)。不仅如此,股票主板市场设计的初衷就是为大中型企业提供金融服务的,是为了让其能够不断壮大规模,这种制度安排从一开始就已将中小企业排除在外了。邓其伟(2011)分析了我国中小企业股权融资的问题,结论表明我国二板市场仍旧存在限制,尽管在2004年和2009年分别启动了中小企业板市场和创业板市场,但是资本市场对中小企业设置的上市门槛太高,能够达到条件的中小企业很少。即使有些实力强的中小企业能够达到直接融资的要求,也面临着严格的监督管理和信息制度等,特别是上市标准中将管理水平、盈利能力以及融资额度与公司净资产挂钩等规定。这些条件使得中小企业对直接融资望而生畏,导致很多有潜力的中小企业被资本市场拒之门外。

除了股权融资,债券融资也是直接融资的一种形式。从途径上来看,债券的种类多种多样,但对中小企业而言,每种债券都高不可攀,获准发行企业债券的少之又少。《中华人民共和国公司法》和《中华人民共和国证券法》都对公司发行债券做出了十分明确甚至是苛刻的规定,很大程度上限制了中小企业债券融资的渠道。可以说,债券市场基本上未向中小企业开放。

四、民间金融困境研究

民间金融也可以称为非正规金融（informal finance）。世界银行将民间金融界定为没有被中央银行或监管部门所控制的金融活动。在我国，民间金融主要指在国家金融体系外运行的金融活动，其主要形式包括天使融资市场、民间自由借贷、滚动储蓄信贷协会、各种合会、农村合作基金会、小额信贷和私人钱庄等。

中国财经大学金融学院课题组分别于 2005 年和 2011 年对我国中小企业融资情况进行了调研。调研结果表明，2005 年，全国约有30％以上的中小企业选择非正规金融融资模式融资，到 2011 年，这一比例上升了 10％。同样在 2011 年，全国工商联对全国的民营企业融资状况进行的一项调查结果显示，90％以上的民营中小企业无法从银行获得贷款，在所有的民营企业尤其是家族企业中，有近 62.3％是通过民间借贷进行融资的。从这些数据可以发现，民间金融在中小企业融资中占据了十分重要的位置。温州民营经济发达，促使温州民间金融盛行。对温州市中小企业的随机抽样调查发现，中小企业尤其是处于创立初期的中小企业很难得到正规金融的支持，因此主要依靠民间资金。可见民间金融在小微企业融资过程中扮演着十分重要的角色。但是就目前来看，对于民间金融等非正规金融还是未能达到最好的制度安排，譬如非法金融和合法民间金融的界定。邓大才（2004）指出，民间金融是一柄"双刃剑"，它既能够发挥积极的作用，也产生了不少消极影响，高利贷、金融欺诈和高金融风险是其中的主要问题，而且影响着整个金融系统的稳定发展。李琰等（2011）分析了民间金融的发展，指出了存在的问题，即现阶段民间金融存在利率失控状况，导致民间金融容易滋生非法金融的诸多问题，如个人或机构在借款活动中非法吸收存款、高利率发放贷款、出现了非法的地下钱庄等，扰乱了金融秩序。熊进光和潘丽琴(2013)探讨了民间金融法律监管的困境,指出我国没有确立民间金融的合法地位,在我国关于民间金融的法律制度中,只将一部分民间借贷、城市信用社、农村信用社、农业银行与农业合作银行、小额信贷、典当行等金融形式归为合法,而且在涉及民间金融具体问题的时候,相关法律文件、部门规章和行政规范只做了简单的规定,或稍有涉及,法律效力较低且不成体系。

第二节　中小企业融资困境理论释源

从 20 世纪 60 年代开始,国内外众多学者开始对中小企业融资难的成因进行了理论与实证的探究,形成了一系列比较成熟的经典理论。本部分将回顾中小企业融资理论的重要文献,并对其进行梳理。主要理论包括信贷配给理论、信息不对称理论、小银行优势理论以及所有制歧视和规模歧视理论。

一、基于信贷配给的理论解释

信贷配给是信贷市场上存在的一种十分典型的现象。信贷配给还可分为两种情况:①在所有贷款申请人中,只有一部分人的贷款需求能够得到较好的满足,另一部分人即使支付再高的价格(利率)也无法得到满足,这是从整个贷款市场而言的。②从个人贷款而言,一个贷款申请人的需求也许只有部分得到满足,另一部分则被拒绝(杨再斌,匡霞,2003)。市场经济条件下中小企业的融资困难大多是指第一类信贷配给(张捷,王霄,2002)。

关于融资市场的传统理论认为,对于信贷市场的供需仅仅是利率机制在起着调节的作用。当贷款需求大于供给时,利率会上升;反之,利率则会下降。在完全竞争的市场条件下,当供给和需求相等、达到均衡状态时,市场才能够出清,此时的利率处于均衡状态,由此实现了信贷资源的优化分配。但若市场上出现了外部因素的干扰,譬如价格管制、经济不确定等因素,此时供给和需求将会产生不均衡,但从长期来看,这种不均衡的持续时间不会太长,更多的是短暂的现象。

在现代经济学的研究中,最早提出信贷配给理论的是 20 世纪 50 年代的 Roosa。他在 1951 年发表的《资金可得性学说》中明确提出了信用可获性理论,强调了信贷配给现象是某些制度上的约束(如利率上限)而导致的长期非均衡现象。此后,不少经济学家开始不断探索信贷配给的因素,而其理论的微观基础也不断得到建立。D. Hodgman 等学者在 20 世纪 60 年代开始,从市场不完全性的视角来讨论信贷配给的成因,并提出了相关因素:企业都存在着旺盛的融资需求,但银行能够给每个企业提供的信贷却是十分有限的,当企业融资需求超过银行提供的贷款额度时,信贷配给就产生了。而中小企业本身实力较弱,银行给予的贷款额度基本都比较低,当中小企业融资需求超过限度时,势必会发生信贷配给的现象。随着信息技术的不断发展,信贷配给理论也在不断跟着时代发生调整。从 20 世纪 70 年代开始,信息经济学被引入金融领域,促使信贷配给理论得到了很大的改进。Stiglitz 和 Weiss(1981)从信息不对称的视角分析了信贷配给的成因,认为银行与企业之间的信息不对称将引发逆向选择,而道德风险的不完善同时加重了银行选择信贷配给的可能性。银行宁愿选择在相对低的利率水平上拒绝一部分贷款人的申请,即实行信贷配给,也不愿选择在高利率水平上满足所有贷款人的申请。从数学模型上来看,银行贷款供给与贷款利率之间关系不是单调递增的函数,而是有条件下的递增函数。在竞争均衡情况下,也会出现信贷配给现象,并且作为长期均衡存在。

国内也有不少学者用"信贷配给"来解释中小企业融资难问题的

成因。杨天宇(2002)认为中小企业融资属于逆向选择的过程,中小企业在争取贷款时,需要付出的非利息成本对银行而言可以进行有效的逆向选择,如果中小企业申请贷款需付出的非利息成本较高,那么只有高风险的中小企业才会去申请银行贷款,结果过高的非利息成本使银行难以收回贷款的概率加大,促使银行对中小企业实施信贷配给。从这个视角而言,中小企业融资的困境根本还在于自身发展规模不大。杨再斌和匡霞(2003)运用信贷配给理论分析了国有商业银行对中小企业信贷配给行为的内生制度根源:由于中国金融制度自身的缺陷,国有商业银行的信贷配给政策短期内不会有太大变动,即使政策明确鼓励要扶持中小企业融资,但对银行而言,信贷配给依然无可避免,这主要是由商业银行的理性行为特性决定的。张捷和王霄(2002)用一个内生化抵押品和企业规模的理论模型分析了银行信贷配给与中小企业贷款问题,研究结论指出,银行在信贷过程中会直接剔除那些资产规模小于银行所要求的临界抵押品的企业,而这部分企业往往是中小企业。同时,中小企业的高风险也增加了企业贷款风险,提高了企业贷款难度。但是从银行自身发展的角度而言,信贷配给有其必然性,因为信息不对称将会导致信贷市场的非竞争性,银行作为市场主体,根本目的也在于获得利润,所以信贷配给是银行理性行为的必然结果(陈溪华,郑小胡,2005)。中小企业在银行信贷配给中处于十分不利的地位,导致其向银行融资存在不小困难。苏峻等(2011)通过一个基于信贷配给的模型解释了中小企业融资困难的原因,并指出关系型贷款是解决"信贷配给"矛盾的一种方式。

二、基于信息不对称的理论解释

学者对小微企业融资难的问题进行了大量讨论,尤其是对其成因进行了深度剖析,普遍认为信息不对称是造成中小企业融资困境的重要原因。信息不对称(asymmetric information)是指市场交易或者签定契约的一方比另一方拥有更多的信息。它可以按时间的角度划分:前期信息不对称,发生的时间可能是当事人签约之前;后期信息不对称,可能发生在当事人签约之后。这两种分别称为事前非对称和事后非对称。对于这两种信息不对称的模式,学者通过博弈模型进行了大量研究,其中,研究事前非对称信息博弈的模型称为逆向选择,研究事后非对称信息博弈的模型称为道德风险。

逆向选择模型指的是供求双方由于信息不对称的原因,导致业务选择与风险管理方向存在不一致。具体到信贷市场,信息不对称使得银行不能根据有效的信息甄别出不同中小企业的投资风险,普遍做法就是对所有企业都提高利率,这将迫使一部分低风险、信用好的中小企业退出借贷市场,而留下的则是那些愿意支付高利息,但其经营风险高、还贷可能性低的中小企业,从而提高了银行的放款平均风险。道德风险指的是信息不对称导致双方在履行合约的过程中,一方通过采取有利于自己的行动而导致对方受损,且这种行为不易被发现。具体到信贷市场,借款者和贷款者之间由于信息不对称,借款者在取得贷款后总是倾向于选择对自己有利的高风险经营策略,从而给贷款者造成损失。

在中小企业和银行的借贷关系中,银行无法完全掌握中小企业的财务状况、资信记录,这本身就存在着信息不对称。逆向选择和道德风险的存在,使得追求资金盈利性、流动性和安全性统一的商业银行必须谨慎对待中小企业的融资需求。在此过程中,极有可能使得银行忽视了长期稳定发展但有融资需求的中小企业,使得发展良好的中小企业的融资受到阻碍。

国内学者关于信息不对称与中小企业融资难问题的研究颇丰。林毅夫和李永军(2001)的研究指出,外部融资的兴起是因为中小企业内部融资难以满足中小企业发展的需求,而信息不对称与中小企业融资存在着十分紧密的联系。在此过程中,银行与企业之间的信息不对称将会产生严重的道德问题,而现行金融市场中银企之间的信息不对称的确是越来越严重(李大武,2001)。郭斌和刘曼路(2002)通过对温州地区借贷市场的研究分析指出中小企业对民间金融的需求较大,民间金融体系与中小企业的发展存在长期互动关系并且民间资本市场的发展有助于缓解中小企业融资的信息不对称问题。林毅夫和孙希芳(2005)认为正规金融难以有效克服信息不对称的逆向选择问题,因为中小企业信息存在着严重的不透明现象,而且常常不能提供充分的担保或抵押。但与之相对的是,非正规金融扎根本地,能够搜集到丰富的中小企业"软信息",在这方面具有很强的优势,是中小企业融资的有益补充。

三、基于小银行优势的理论解释

小银行优势理论的核心观点是,小银行发展与中小企业发展比较匹配,从而更愿意为中小企业提供融资服务。小银行优势理论是基于银行规模与中小企业贷款之间负相关关系的规模匹配理论发展起来的,认为大型金融机构规模较大,普遍更愿意为大型企业提供贷款服务,而小型金融机构规模偏小,更愿意为中小企业提供贷款(Berger,Gleisner,2009)。这个理论也为城市商业银行、农村信用合作社等地方性中小金融机构的快速兴起提供了理论基础。Cole等(2004)通过研究大型商业银行的小企业贷款行为发现大型商业银行开展小企业贷款主要基于财务指标等经营指标,相对而言,小银行更看重之前与小企业之间的关系,即两者之间所存在的天然的信用联系。Berger和Gleisner(2009)以美国的中小企业融资数据为基础进行了实证研究,研究结果显示中小企业贷款随着大型商业银行的合并逐渐减少,但是小型银行进行合并之后,小银行对小企业的贷款是增加的,因为合并提供了资金来源、渠道来源,能够扩大贷款规模,更好地服务中小企业发展。Strahan 和 Weston(1998)对上述现象进行了解释,认为小型银行合并之初其抗风险能力因为多元化的业务结构而增强,从而有条件为中小企业提供更多的贷款,但随着小型银行规模的进一步扩张,管理愈加复杂,加上大企业资本金体量更大,合并后的中小银行也更愿意向大型企业提供贷款,导致中小企业贷款的占比进一步降低。Berger 和 De Young(2001)对中国的数据进行了分析,认为大型商业银行的组织结构复杂,决策链条较长,导致总部对各分支机构的控制效率降低,使得关系型贷款无法有效实施,从而限制了中小企业金融业务的开展。

四、基于所有制歧视和规模歧视的理论解释

基于我国开放金融市场的时间不长这一实际情况,有学者从所有制歧视视角来解释中小企业融资难的问题。从我国的金融体系来看,在制度和体制设计方面就存在着对非公有制经济的歧视,而制度上的歧视将会导致以私营经济为主的中小企业出现融资难问题。解决这一问题的办法在于营造有利于内生性金融制度成长的外部环境(张杰,2000a;2000b),优化当前的金融制度。易纲(2000b)认为银行天生就倾向于向大型企业发放贷款,这与我国经济体制演变密不可分,有其深层次的影响及必然联系。李扬和杨思群(2001)则从制度的角度直接指出了原因,认为转轨经济特有的制度障碍是影响中小企业融资的重要因素,而且这种影响将随着制度改革的不断推进而产生变化。袁诚和周培奇(2010)利用 2000—2006 年我国不同所有制类型的中小企业间接融资状况分析了我国中小企业间接融资的所有制歧视状况,实证研究发现所有制歧视普遍存在于非公有制中小企业的间接融资

中。张捷和王霄(2002)认为转轨经济中的所有制歧视一定程度上造成了中小企业融资难问题,但是中小企业融资难的主要原因还在于市场经济中普遍存在的规模歧视。同时,将抵押品和企业规模纳入内生决策变量中进行理论研究,可以发现信贷配给中规模歧视的普遍存在,而这也是导致中小企业融资难的重要原因。从经验研究来讲,对苏南县域中小企业的研究表明规模越小的企业越是倾向于向小银行贷款,大银行也更看重企业规模等信息(张龙耀,吴婷婷,2009)。

国内学者还试图从中小金融机构发展不足的视角来解释小微企业融资难问题。林毅夫和李永军(2001)研判了我国中小企业融资市场的现状,认为我国大型国有银行占据了主体地位,而其金融资源的配置更加倾向于大型企业,中小金融机构发展不足,导致中小企业融资困境一直存在,这种金融市场的严重不匹配,造成了中小企业融资难、融资贵的问题。李志赟(2002)从信息不对称的视角分析了银行市场结构与中小企业之间的关系,结论指出中小金融机构发展将有效缓解中小企业融资困境,以此来增加社会的总体福利水平。此外,还有不少学者从中小企业自身入手进行研究。王宁(2011)在分析中小企业融资难的内部原因时指出,中小企业自有资金实力较弱,规模较小,可以抵押的资产少,内部管理(尤其是财务管理)不善。不容忽视的是,中小企业所需要的资金往往是"短而急",发展不稳定等因素又导致了中小企业融资路径与商业银行的审批流程之间存在矛盾,增加了融资的成本和风险(汪卫芳,2012)。

第三节　金融制度创新与融资困境纾解

从制度创新层面纾解中小企业融资困境可起到根本性的保障作用。具体而言,金融制度改革可以完善现有金融环境,为中小企业融资提供良好的宏观环境;交易制度创新能够为中小企业融资提供更为简单的平台;监管制度创新可以降低中小企业直接融资门槛,进而从根本上改革现有中小企业融资模式。国内外现有研究对于制度创新纾解中小企业融资困境主要集中于金融制度创新。本节将从金融制度创新内涵、动力以及路径方面进行回顾。

一、金融创新内涵研究

对于金融创新,可以从狭义和广义两个角度来展开。从狭义的角度而言,金融创新指的是金融产品或金融服务的创新,比如 Modigliani 和 Miller(1958)指出金融创新是指对金融产品和服务难以预料的改进,重大的金融创新应该是在初始引发因素消失后仍能继续存在的创新。而产品的存在是对金融创新的直接解释。这种解释侧重于从产品层面来看待这一问题。但从深层次来看,技术、工具等创新是推动金融创新的重要工具。Tufano(2003)的研究表明,金融创新是指创造和扩散新的金融工具、金融技术、金融市场或金融机构的行为,它不仅包括金融产品创新(如新的衍生合约、新的公司证券或新的投资产品等),还包括金融程序创新(如经销证券的新方法、处理交易的新方法或定价的新方法等),其在产品创新的基础上对金融创新进行了更为深刻的定义。

从广义的角度来看,金融创新指发生在金融领域的一切形式的创新活动,包含金融方方面面的创新活动。周业安(2003)认为金融创新既可以包括产品的创新,也应当包括参与金融产品交易的方式、各种组织、市场制度和监管制度的创新,即所有金融活动的边际改进都可以称之为创新。张维等(2008)从更为广泛的视角研究了金融创新的界定,指出金融创新包括金融制度创新、体制创新、机构创新、管理创新、服务创新、技术创新和产品创新等,从更为中观的角度提出了金融创新的内涵。

二、金融制度创新动力的研究

金融创新动因理论主要分为内因说和外因说。内因说从内生的角度来解释金融制度创新的动力源泉,认为导致金融创新活动出现的主要原因是金融企业作为市场主体要追求更高的利润,同时降低自身风险,以此来更好地满足市场对金融服务的新需求。在此过程中,金融创新的动力来自对生产技术(包括新产品和新方法)和生产组织(制度)做出的改进。

Greenbaum、Haywood、Niehans、Molyneux、Shamroukh 等众多学者对金融制度创新活动的原因做出了解释和分析。此外,Van Horne(1985)认为金融创新更多是出于分散风险的需要,是为了提高金融发展的效率。Miller(1986)认为金融创新是税收和管制上的障碍引发的,这从外界的制度对金融创新进行了说明。Meton(1989),Madan 和 Soubra(1991)则强调降低交易成本在创新中的重要性,认为降低成本能够有效推动企业进行创新。从本质上而言,创新就是对技术进步导致交易成本降低的反应,这种交易成本的分析范式沿袭了制度经济的分析框架。Mehra(1989)认为诱使金融制度变迁的因素在于现行金融制度下无法获得潜在利润,而金融机构都具有逐利的倾向,利益主体为了获取这种潜在利润,会促进金融制度进行有效的帕累托改进。Loungani 等(1997)认为金融制度变迁不仅需要考虑潜在利润,还需要考虑预期收益,这个分析框架沿袭了成本收益的分析逻辑,从成本收益角度展开分析,只有预期收益超过预期成本,金融制度变迁才会发生。Aggarwal 和 Wu(2003)指出,利益主体通过衡量制度变迁的成本与收益来决定是否产生对新制度的需求,但本质上还是从成本的视角来展开。Stiglitz(1994)的研究更为宏观,其将成本分析放置于国家层面进行考虑,结论表明金融制度变迁的收益主要体现在国家的激励机制得到强化,而其强化的动力在于金融制度变迁所带来的成本降低。由此可知,微观主体得到的政治或经济便利能够带来社会总产出的增加,进而有利于国家财政收入的增加以及政治统治的强有力巩固。

外因说更多地侧重外生变量对金融制度变迁的影响,其大致可以分为三种观点:第一种观点认为,外部经营环境变化会促使金融创新,而金融创新也是为了更好地适应外部环境的变化,或者说是金融组织依据外生变量的变化对经营管理内生变量的调整(Allen,McAndrews,Strahan,2002),两者具有很强的因果关系。第二种观点认为,金融创新是对科技进步的积极吸收,技术进步尤其是信息技术的快速发展对金融业产生了深刻的变化。Hannon 和 McDowell (1984)认为,信息技术在银行业的普遍应用是导致金融创新的主要因素。第三种观点认为,金融创新是金融组织规避管制的结果。由于金融监管一直存在,而且趋向于越来越严,很多金融机构通过创新将其功能从规避风险向配置风险转变,如同其他资源一样,风险也成为一种有价值的资源,形成了风险配置市场。

三、金融制度创新路径与中小企业融资困境研究

大多数中小企业规模较小、财务不透明、抗风险能力较弱,且资金需求急、需求量不大,导致了中小企业融资成本居高不下,造成了中小企业融资难、融资贵等问题,中小企业转型升级举步维艰,不利于民营经济健康持续发展。纾解中小企业融资困境、提高中小企业"血液"供给,对于中小企业转型升级至关重要。一方面,需要有效拓宽中小企业融资渠道,让中小企业"左右逢源";要充分发挥民间资本的"融资活性",引导民间资本进入实体经济,服务现代产业体系建设,推动经济

高质量发展。另一方面,要加强银行作为融资主体为中小企业的"输血"能力,通过创新贷款产品、还款方式等举措来降低民营企业融资成本,提高民营企业融资效率。譬如金华银行业通过不还本续贷、额度循环法、年审制贷款、合作贷款法等还款方式的创新来无缝对接企业还款需求,有效纾解了企业融资难、融资贵的困境。但不论何种方式,归根结底在于金融制度创新,以更好地适应中小企业的融资新需求。

关于金融制度变迁的模式,西方经济学流派主要从诱致性制度变迁和强制性制度变迁两种模式进行了详细的阐述。Pagano(1993)认为现有制度的非均衡产生潜在收益,促成了制度变迁的强制性、有效性,而这种制度的变迁便是诱致性制度变迁。段银弟(2003)认为我国金融制度的变迁是沿着增量的渐进式方式改革所致的,而且理论逻辑的基础在于我国金融制度变迁存在着均衡性,导致了金融变迁的路径由局部均衡向整体均衡逐渐扩展,最终的目标在于政府效用函数和"政治银行家"个人效用函数的高度统一,即从个人效用出发来剖析金融制度变迁的成因以及趋势。国内外许多学者普遍认为,通过金融制度创新帮助中小企业摆脱融资困境的关键在于解决信息不对称问题,从而能够在银企之间建立起稳定持续的合作关系(魏守华,刘光海,邵东涛,2002;张扬,何宏伟,2008)。Berger 和 Gleisner(2007)通过分析金融机构处理小企业贷款问题的技术手段和资金配置方法,将贷款归纳为以下几种类型,如财务报表型贷款、抵押担保型贷款、信用评分型贷款、关系型贷款,银行的贷款决策主要通过长期和多种渠道的接触所积累的关于借款企业及其业主的相关信息而做出。

中小企业的发展对社会经济具有重要推动作用,但是中小企业发展往往受到融资问题的制约。通过对利率变化的分析可知,资金紧俏情况较为严峻,未来资金成本会呈现上升趋势。但中小企业综合实力弱,对未来预见能力低,无法准确预见资金成本上升趋势,只有在资金成本确实发生上升的时候才会跟银行进行议价。但它们的议价能力不足，通常由银行主导，一旦出现问题，银行极有可能卷入其中，因此必须重视对中小企业资金成本的考量。而现阶段小微金融所创新的"供应链金融"模式，充分利用核心厂商做信用担保，提高了银行对小微企业贷款的意愿。譬如 2013 年底，通过金融改革获得贷款的中小企业数量已经达到了 264.1 万户，比 2008 年末增加 67%，同时在人民银行征信系统中登记的中小企业总数达到 57.2%。这间接说明了政府、金融机构出台的关于促进中小企业融资的措施取得了明显效果。但是就中小企业融资难的原因而言，除了信息不规范等问题之外，还有一些其他因素，比如大项目和大企业的相对优势削弱了中小企业的融资能力、资金的供需结构失衡、自身金融结构失衡等。所以，政府、金融机构、中小企业等需要加强合作，改善中小企业生存环境：第一，加大金融产品的服务化创新；第二，完善基础设施建设；第三，优化结构，打通民间资本进入金融业的渠道；第四，完善大中型银行服务中小企业的激励机制；第五，完善保险体系、金融机构的破产机制等配套措施。

加快中小企业融资困境的纾解具有重要意义。党的十八届三中全会《中共中央关于全面深化改革若干重大问题的决定》明确提出了关于金融改革的问题：一是金融改革的目标是完善金融市场资源配置功能。三中全会提出要发挥市场在资源配置中的决定性作用，而在市场中间机构中，金融无疑是核心。二是金融改革要为市场运行提供基准，国内市场要促进利率市场化，提高资源配置效率，国外市场要完善人民币汇率市场并形成有效机制。三是金融改革要着力解决长期资本筹集问题，发展多层次资本市场，推进股票发行注册制改革，规范债券市场和完善各类长期信用机构。四是加快实现人民币资本项目可兑换，加快实现人民币国际化，便利企业走出去。五是加强金融监管，充分界定中央和地方金融监管职责和风险处置责任,建立存款保险制度,完善金融市场准入退出机制。中小企业更加容易从规模较小的金融机构获得资金,但双方发展都不完善,这往往导致中小企业融资金额小、融资成本高等问题,很大程度上造成了小微企业融资困境。所以,中小企业融资需要政府的扶持,设立专注中小企业的政策性金融机构,松绑贷款利率管制,搭建融资平台,让中小企业在更加宽松的环境中成长;同时为解决中小企业授信难的问题,政府机构可扮演"信用保证人"的角色,制定可行办法与银行合作,方便中小企业取得所需资金。

第四节　中小企业融资困境纾解的对策

中小企业融资难是一个世界级难题,国内外学术界为解决中小企业融资难的问题,从各个视角进行了丰富的研究。本部分在回顾众多文献的基础上,对以往研究进行梳理和归纳,并从政府扶持、金融体系完善、企业自身发展和融资模式创新等角度进行总结。

一、政府扶持与企业融资困境纾解

信贷配给以及信息不对称等问题导致中小企业融资难的问题。要解决融资市场失灵问题,必须借助政府这只"看得见的手"进行有效调节。由于市场存在缺陷,所以政府扶持体系不可或缺,政府扶持的主要目标就在于弥补市场运行的不足,具体手段便是宏观调控政策。在特定领域中,直接或者间接推行政策性扶持,以此为中小企业融资创造良好的机会,纾解中小企业融资困境。目前,从政府扶持角度出发,探讨纾解中小企业融资困境政策建议的研究一般从以下几点展开。

第一,要构建和完善中小企业融资的法律体系,为中小企业提供法律基础。当前,我国已经出台了两大中小企业发展促进法规条例,包括《中华人民共和国中小企业促进法》及相关政策制度等,但还没有达到充分的地步。从这个层面而言,刘文芳(2011)明确指出要建立和完善中小企业发展法、中小企业援助法、中小企业技术创新法等法律法规,从法律上保护中小企业的利益。除了规范支持小微企业发展的法律政策外,针对信用担保、直接融资以及民间金融合法化的一系列法律制度也是理论界讨论的热点。熊进光和潘丽琴(2013)在讨论民间金融的法律监管问题时强调要赋予民间金融以合法地位。

第二,要构建和完善中小企业的政府管理体系。政府管理体系指的是政府应设立专门的中小企业管理机构。发达国家也设立了相应的管理机构来支持中小企业发展,比如美国的小企业管理局、英国的中小企业局、法国的中小企业管理局、日本的中小企业厅及其下属的各分局等。梁冰(2005)在论述改善中小企业融资环境的建议时就曾建议成立专门服务中小企业的部级单位,在各地设立分支机构,相对独立于政府,有效行使其权限,并授权其监督其他政府部门对中小企业的支持。中小企业与中小企业管理机构可以说是相辅相成的,中小企业管理机构能够为中小企业提供政治、经济、技术等方面的咨询服务,以此来增强企业的竞争实力,而中小企业又能为中小企业管理机构提供良好的平台。在诸多信息当中,中小企业融资过程中最需要的政府服务是信息服务(易国庆,2000)。

第三,构建和完善中小企业的财政支持体系。财政支持体系是指政府部门通过向中小企业提供财政资金援助,改善中小企业在市场经济中的不利地位,一般以税收优惠、财政补贴和政府采购等手段为主。尹丹莉(2011)强调应加强政府采购功能,在同等条件下,确定一定比例优先购买中小企业的货物、工程和服务。在财政补贴方面,对中小企业新增员工的培训、工资费用进行适当补贴,对有成果的科学研究开发项目的支出进行补助。李鹏(2011)在阐述财政政策支持中小企业融资的研究中提到,应加强中小企业的税收优惠,取消不合理的行政收费,同时增加中小企业的就业补贴、研发补贴、出口补贴和创业投资补贴等财政补贴。

第四,构建和完善中小企业的信用征信体系。打造中小企业信用征信体系,建设涵盖企业诚信守法、履行社会责任和违法经营行为、交易失信行为等信息记录的政府平台,开放整合各部门信用数据,明确各级政府部门的信息共享规则和开放责任,增加企业失信成本。完善企业信用档案,充分发挥政府信用平台的监督作用,建立失信企业"黑名单"并实时向社会公开,构建"守信为荣、失信为耻"的社会舆论氛围。搭建好金融综合服务平台,把市场主体的信用信息、需求信息和金融机构的产品服务信息纳进来,减少资金供给方和需求方的信息不对称。譬如台州以国家小微金融试验区建设为总抓手,打造金融服务信用信息共享平台,通过数据共享的方式来降低资金供需双方的信息不对称,探索建立"信用台州"体系,破解了民营企业融资困境(王祖强,潘家栋,2019)。

二、金融体系完善与企业融资困境纾解

金融体系完善是扩大中小企业融资渠道的重要路径。现有研究从中小金融机构、银行体系、直接融资体系等主体出发,对金融体系完善进行了研究。

第一,积极鼓励和发展中小金融机构,支持中小企业发展。中小金融机构一般都扎根于地方,对地方中小企业的了解较深,与当地中小企业合作存在巨大优势。但是大银行的这种优势非常小,所以出于规避风险的考虑,大银行更倾向于向大企业提供融资贷款。中小企业

面对这种现状,也更愿意与中小金融机构建立长期的合作伙伴关系。出于这种考虑,建立中小金融机构也有助于解决中小企业融资难、融资贵的问题(林毅夫,李永军,2001)。Strallan 和 Weston(1998)也认为中小型金融机构在解决中小企业融资方面具有明显的比较优势。林毅夫和李永军(2001)指出,金融机构提供金融服务的成本和效率是不一样的,不同规模的金融机构存在着显著的异质性。在计划经济时期,我国逐步建立起了以大银行为主的高度集中的金融体制。从整个脉络来看,大型金融机构不适合为中小企业融资,而中小企业融资本身就是金融市场的一部分,所以高明华(2008)阐述了中小金融机构在对中小企业融资上的"小银行优势",认为中小金融机构仍然是中小企业融资的最佳渠道。从一定程度上而言,我国中小金融机构的发展非常滞后,这是造成中小企业融资难的根本原因,必须大力发展社区银行、村镇银行等小金融机构。

第二,积极创新商业银行融资体系,支持中小企业发展。不管是过去还是今后,可以看到的是,向商业银行贷款仍旧是中小企业融资的重要途径,所以需要从制度层面进行明确和进一步确定。对于这个问题,最为直接的做法就是在制度上对商业银行的贷款理念和对象做出转变。梁君(2011)从银行抵押贷款的角度对现行制度进行了设计,总的思路在于放宽贷款条件,银行可以通过抵押担保的创新,为中小企业融资提供便利。基于这种思路,梁君(2011)进一步设计了审查制度,将传统的固定资产抵押放贷转变为综合审查放贷,降低了对抵押品的需求,但提高了对企业信用等软实力的要求。这种办法的出台,为中小企业尤其是经营状况和信用良好的中小企业融资提供了一条新的出路。不仅如此,其还创新了贷款思路。综合审查放贷是指不单以固定资产为抵押物,还可以综合企业的以往税收、出口记录、生产销售记录、企业的知识产权、产品的市场占有量等情况作为诚信抵押物来放贷。邢乐成和梁永贤(2013)在创新商业银行融资体系方面提出了四点建设性意见:放宽政策、定向宽松、区别对待、创新品种。

第三,完善中小企业民间金融体系,支持中小企业发展。应降低民间投资准入门槛,提速民间资本增量。要深化简政放权,破除民间资本进入壁垒,重塑政府对民间资本的监管体制机制,激发民间资本投资潜力,提速民间资本投资增量。最为重要的是要完善市场准入退出机制,以供给侧结构性改革为宏观背景,以大力实施创新驱动为战略契机,破除民间资本投资的"天花板",鼓励民间资本进入新兴领域,包括人工智能、机器人等产业,真正发挥民间资本的"融资活性",实现新时代经济的转型发展和跃迁发展。要整合民间资本供需平台,增强民间资本活性。现阶段,不少地方政府都建立了民间资本服务中心,如台州路桥民间融资规范管理服务中心,为民间资本的供给与需求打通了信息渠道,并以政府背书的形式弱化了民间资本的"跑路"风险。在激发民间资本投资潜力的过程中,应当推广民间资本服务中心等供需平台,为引导民间资本服务实体经济、新兴经济提供信息渠道、融资渠道。与此同时,应当有效推广 PPP 模式,加强民间资本与政府资本的有效对接,投资社会公共设施项目,充分发挥"双管齐下"的联动效应,提高民间资本的效率。应强化民间资本产业导向,融合民间资本功能。强化民间资本引导,为民间资本发展提供更大的市场空间,提升民间资本进入的激励水平。应以农业供给侧结构性改革为指导,引入民间资本提高农业产业化水平,为农业提供产前、产中、产后服务领域投资。以特色小镇发展为标的,引导民间资本进入成长前景好的产业领域,如教育产业、旅游产业、信息产业等,打造差异化发展路径。要以金融市场化改革为机遇,引导民间资本进入,纾解中小企业的融资困境。要完善民间资本监管体系,集约民间资本风险。尽管民间资本能助力经济发展,但由于民间资本趋利性高、盲目性强,存在较强的系统性风险,所以在积极引导民间资本投资的过程中,需要对民间资本进行有效监管,实现民间资本的集约化投资。一方面,各级政府需要出台地方性民间资本投资的监督措施或者监管法律,规范民间借贷等民间投资行为,从源头上杜绝民间资本的盲目投机;另一方面,要做好系统性风险的应对工作,加强宣传和监督,稳定民间投资的环境。

三、融资模式创新与企业融资困境纾解

现阶段,由于我国金融体系不够完善、金融市场不够健全,中小企业在发展过程中面临融资困难的窘境。向银行申请贷款、发行企业债券、发行股票等为大型国有企业常用的融资手段,但对中小企业而言却非常困难。如何创新中小企业融资模式,以满足国内中小企业不同发展阶段的资金需求,是企业管理者、金融机构和相关政府职能部门亟待解决的问题,也是学术界一直在探讨的重要课题。

第一,产业链融资模式创新。产业集群内存在少数几个核心的大企业,在大企业的上下游围绕着大量的中小企业,它们承担着供应商和分销商的功能。通过借助核心企业的实力和信誉,银行等金融机构可对一个产业供应链中的单个企业或上下游多个企业提供全面的金融服务,以促进核心企业及上下游配套企业供应链的稳定和顺畅流转。苟文峰等(2009)梳理了“产业集群—信誉链—融资链”的内在关系,对产业链融资的三种基本模式(应收账款融资模式、保兑仓融资模式和融通仓融资模式)进行了比较分析,并在此基础上对制约我国产业链融资的主要因素进行了尝试性研究。张艳婷(2012)基于中小企业产业集群视角,分析了泉州市晋江鞋服产业链融资案例,指出产业链融资模式将产业链上的每个环节,包括核心企业、上游供应商和下游分销商都联系到了一起,它有效地解决了银企信息不对称问题,在这种模式下,中小企业、核心企业、银行以及物流企业各方建立起了互

利互惠互补的产业链金融平台,在合作中实现了"多方共赢"。

第二,互助担保贷款融资模式创新。产业集群内中小企业基于相互信任、自愿互利,以会员制的形式各自拿出一部分资金,形成中小企业互助基金,并注册成立互助担保公司,为集群内中小企业向银行申请贷款提供担保,担保公司每年对会员企业进行信用审核。产业集群化是当今世界产业发展的总体趋势,是产业发展的内在要求。加快块状经济向现代产业集群转型升级,有利于培育区域和产业国际竞争力,有利于形成工业化、市场化、城市化联动发展的新模式(王祖强,潘家栋,2019)。而产业集群也为中小企业融资提供了有利的平台和载体。王晓杰(2008)通过理论和博弈分析,认为在中小企业在产业集群内部可通过自发的力量组建稳定的互助担保协会(公司),以此来形成产业集群内的融资平台。在产业集群的市场条件下,中小企业融资可以更加多元化,从内部融资转向外部融资,从直接融资转向间接融资,从抵押担保转向集群合作担保,提高中小企业融资的成功率。

第五节　文献评述

综上所述,国内外学者从不同角度对金融制度创新进行的研究是比较充分的,揭示了金融制度创新的基本规律。国内学者则主要结合我国金融改革的具体实践,在我国金融制度创新的特征以及存在的问题和趋势等方面进行了详尽的研究,具有很好的理论和实践意义。同时,经过仔细梳理,以上研究还存在以下改进空间。

第一,现有研究对中小企业融资困境的纾解主要集中在金融制度创新这一宏观层面上,但是对制度的细分层面研究不足,如监管制度、交易制度、组织制度等。本书将细分各类金融制度,研究各类金融制度创新的现状及其对中小企业配资的纾解作用。

第二,现有研究在对中国金融制度创新分析中过多强调国家的成本收益,从宏观视角研究较多,而从微观视角对企业发展的效用分析较少。在我国金融制度不完善的情况下,中小企业贷款存在诸多困难,更应当从企业效用的视角出发来考察制度创新对企业融资的影响、效应。

第三,国内文献对金融制度创新的分析主要侧重经济学方法,较多地集中于现状分析以及案例研究,对于产业集群、中小商业银行等纾解中小企业融资困境的理论模型研究不多。此外,缺乏针对中小企业融资的全面深入的数据挖掘和研究。

第四,目前国内外学者在研究中小企业融资问题时,大多关注资金的供给,而对中小企业的实际融资需求有所忽视。我国的中小企业在特殊的体制环境下,具有特殊的融资模式,而且存在"两多两难"的问题,如何从中小企业实际出发,研究金融制度创新路径,还需要进一步的深入分析。

第二章　纾解中小企业融资困境的
金融制度创新环境

　　为了切实解决中小企业融资难题,国家层面出台了大量措施来支持中小企业融资,而且各政府职能部门也积极响应,以使中小企业融资更加便利化。譬如,2018 年中国人民银行就先后 4 次降低存款准备金率。2019 年 3 月 22 日,首批 9 家科创板受理企业正式揭晓,科创板为中小企业直接融资提供了新的渠道。但不可否认,由政府主导的强制性金融制度变迁引发了中国金融制度的非均衡性,而这也是导致中小企业融资困境的重要原因。金融制度变迁存在非均衡性,其根本问题在于金融制度供给跟不上实际市场上的金融制度需求,导致了金融制度的供给和需求处于不匹配的状态。中小企业已经成为中国经济发展中的重要组成部分,对金融制度产生了差异化、特色化的需求,但当前的金融制度供给却难以满足,实际制度供给远远滞后于制度需求。纾解中小企业融资困境,必须以制度创新为主题开展金融改革与创新。

　　剖析中小企业融资制度创新的前提是建立一个清晰的逻辑框架,具体可演化出市场运行机制创新和保障制度创新两个层面。考虑到市场运行机制分析可从市场交易主体和市场交易过程两方面切入,其中,市场主体创新本质是市场组织创新,因此,我们最终选定市场组织制度创新、市场交易制度创新和监管制度创新为三个支点,构建中小企业融资制度创新逻辑框架。

第一节　中小企业融资制度变迁的特征和造成的失衡

纵观整个金融制度发展脉络,我国金融制度并不是在市场主导下产生的,而是在行政操作中不断形成、发展和完善的。在计划金融制度向市场金融制度转轨的过程中,市场在金融领域发挥决定性的资源配置作用需要一个渐进的过程,而且需要完善的制度作为保障。但是在占市场主体地位的国有金融企业未真正成为自我发展、自我约束的"经济人"角色前,市场只能提供某些具体业务的制度供给,金融基本制度、运行机制以及管理制度等仍由政府提供。所以便产生了金融制度生成逻辑,政治需求诱发了金融制度的产生,所以政府主导的强制性制度变迁是中国金融制度变迁的主要形式。新中国成立后,我国金融制度变迁经历了三个时期,即 1978—1994 年的金融制度变迁的探索创新阶段、1994—2003 年的金融制度变迁的框架构建阶段以及 2004 年至今的金融制度变迁的制度优化阶段。

一、我国金融制度变迁的特征

虽然三次大的金融制度变迁推动了金融制度不断完善,但每次变迁都不是市场自发形成的,即不是由微观企业主体的需求作为诱因来促使金融制度发生变迁的,而是由政府主导的。这就导致金融制度变迁只能达到制度供给者效用最大化的目的,无法真正体现市场微观主体的融资需求,由此形成了金融供给与金融需求之间的不匹配问题。更进一步,这种不匹配已经影响了经济发展,即金融制度落后于经济制度的发展,导致金融制度出现严重的不均衡、不平衡问题。具体而言,我国金融制度变迁表现出以下三大特征。

(一)金融改革由政府强制推动

纵观改革开放 40 多年来我国金融制度的变迁历史,可以发现,不论是时间安排、速度快慢、改革目标等,金融制度的变迁几乎都是由政府主导的,市场微观主体对金融制度变迁的影响微乎甚微。金融制度每个阶段所要达到的目标都是由政府决定的,完全受制于政府主体的能力和偏好,政府制定的改革思路及政策一直以来都是推动中国金融制度变迁的主要动力。

(二)金融改革采取渐进式方式

与经济改革一致,我国在金融领域的制度改革也采取了"渐进式改革"的方式,主要表现在以下四个方面:一是确立了改革相关的步骤与阶段,并设计了由局部到整体的改革目标;二是"渐进式改革"是一种先"增量改革"再"存量改革"的过程,先使得体制外新设金融机构快速发展,再对国有金融机构进行所有权的改革;三是注重衔接性,对金融组织结构的变革并不是推倒重来,而是循序渐进地进行;四是稳步推进,金融变革一直在政府的调控下稳步推进,整顿金融秩序和加强宏观调控贯穿于金融市场化改革的全过程中。

(三)金融改革滞后于经济发展

金融供给与需求不匹配的直接影响在于金融改革落后于经济发展,金融制度无法很好地支撑国家经济发展。国家层面不断放松对金融资源的直接控制,但金融制度却没有实现及时有效的转变,可以说金融制度变迁明显滞后于与其相关联的投融资制度、企业产权制度的发展。从时序关系上看,中国金融制度变迁明显滞后于经济变革,导致了我国金融制度明显落后于经济发展水平,金融制度创新对经济制度变迁路径存在模仿和配套兼容的问题。

二、我国金融制度变迁形成的失衡

我国金融制度改革过程中存在的强制性、渐进性、滞后性等问题,诱致了中小企业融资制度存在以下三大失衡。

(一)政府强力推动导致融资市场结构失衡

中国金融制度从计划型转向市场型,这一变迁是在政府主导下实现的。在一定约束条件下,政府基于效应函数最大化的目的来主导金融制度变迁,依靠的是政府制度安排的创新能力以及创新意愿,由此产生的直接结果是金融制度改革主要是为了满足政治需求,而非市场微观主体的意愿。由此所引发的便是融资市场结构失衡,因为政府所主导的金融制度更加倾向于国有企业,而对非公有企业的关注相对来说较少。在整个金融体系中,非公有制企业所占的比重非常小,而且金融制度配套也更多地侧重于国有企业。由此可见,我国金融制度变迁总体上呈现的是政府主导的强制性特征,诱致性金融制度变迁的有效需求被压抑,企业在金融制度改革中所起到的作用不大,由此带来金融制度的有效供给明显不足。最典型的现象便是民营金融的保障明显不足,融资需求得不到满足,而国有金融体系的受益者通过博弈,努力维护现有金融制度,以实现垄断利润和租金的最大化。

(二)渐进式的改革引致融资制度监管乏力,导致国有企业和民营企业融资失衡

从金融制度改革的过程看,渐进式的改革突出了政府主导下的循序渐进,但是在渐进过程中,一定程度上导致了资源的错配。譬如贡

献了 2/3 GDP 的民营经济只能获取 1/3 的金融资源,而贡献了1/3 GDP 的国有经济却占据了 2/3 的金融资源,民营金融制度供给的严重不足与巨大的制度需求矛盾凸显。受政府改革稳定性的约束,存量改革使国有金融制度保持了强势垄断地位,这也导致了我国融资制度监管乏力,对银行的企业融资体系缺乏足够的约束力。由此形成最为明显的后果是,国有金融制度供给过剩,国有企业融资较为容易,而民营企业资金短缺,融资需求旺盛,但因为金融制度的供给不足导致的融资难、融资贵问题长期存在。

(三)滞后性的改革加重融资制度失衡刚性,导致金融发展与经济发展之间存在失衡

我国金融制度改革滞后于经济发展水平,这导致了金融制度的非均衡性,国有经济的金融供给过剩,但民营经济旺盛的金融需求却得不到有效的满足。究其原因,主要有以下三个方面:一是经济在转轨过程中就存在非均衡性。新中国成立初期,我国实行的是计划经济,以国有企业为主。党的十四大以后,社会主义市场经济体系不断衍生和发展,从计划经济转向市场经济,金融制度也随之从计划转向市场,并存在滞后性,使得金融制度的非均衡性在所难免。二是政府作为金融制度改革的一号主体,其主要动机在于满足自身效用最大化。虽然政府在金融制度改革过程中,会以提高市场微观主体融资效率为考虑点,但是最根本的还是优化政府效应函数,确保国民经济产出,同时,利用金融制度来引导资源配置,从而对市场经济体系做出合理的调节。这就使得市场无法在资源配置中充分发挥决定性作用,导致金融制度改革无法适应经济的高质量发展,从而产生经济金融失衡问题。三是从国有经济内部来看,国有企业和国有银行两大受益者对金融制度改革的一致性取向在于最大限度地利用金融资源,国有企业对国有

金融制度形成一种强势的刚性依赖。同时,由于国有垄断金融产权下的收益内在化和成本、风险外部化等原因,国有银行及其代理人能够获取垄断性利润的好处。这使得以上两个最大的既得利益集团不可能成为金融制度诱致性变迁的主体,金融制度变迁的主要需求者民营经济在政府供给主导的强制性制度变迁模式中只是被动接受者。

第二节　融资供求结构失衡总体现状

中小企业要摆脱融资难困境须解决信息不对称问题,但金融体系在完成储蓄向投资转化的过程中也切实存在信息不对称,且中小企业显示自己有效信息的能力相对更弱。解决中小企业融资问题的关键就在于金融服务供给是否与不同种类的中小企业特征与多样化金融需求相匹配。为纾解中小企业融资困境,要全面剖析金融服务供给与中小企业金融需求相匹配的具体机制、基础条件和政策保障。

一、银行业结构与中小企业融资需求不匹配

中小银行服务中小企业有比较优势,大银行服务大企业有比较优势。面对大规模、标准化生产与小批量、定制式生产共存的实体经济,在注重市场需求与机制设计的基础上,还要强调银行业结构的合理化。中小企业融资难的深层次原因应该是中国以国有商业银行为主体的银行业结构,即在较为单一的银行业结构下,国有商业银行对中小企业的信贷歧视和缺乏相应的其他融资渠道是中小企业融资难的主要原因。金融业不断发展,金融业务不断综合化,金融机构提供的服务也更加专业化。总体而言,呈现出以下趋势:一是商业银行和投融资机构之间的业务不断分化,商业银行更加趋向于短期流动,而投融资机构更加侧重于中长期固定投资。二是产业基金与投资基金的

业务逐步分离,产业基金更加注重实业投资,投资基金则侧重于证券业务。三是大型金融机构与中小型金融机构面向的群体不断分化,大型金融机构侧重于巨型贷款,而中小型金融机构的目标客户转为中小微企业(详见图 2.1 和表 2.1)。

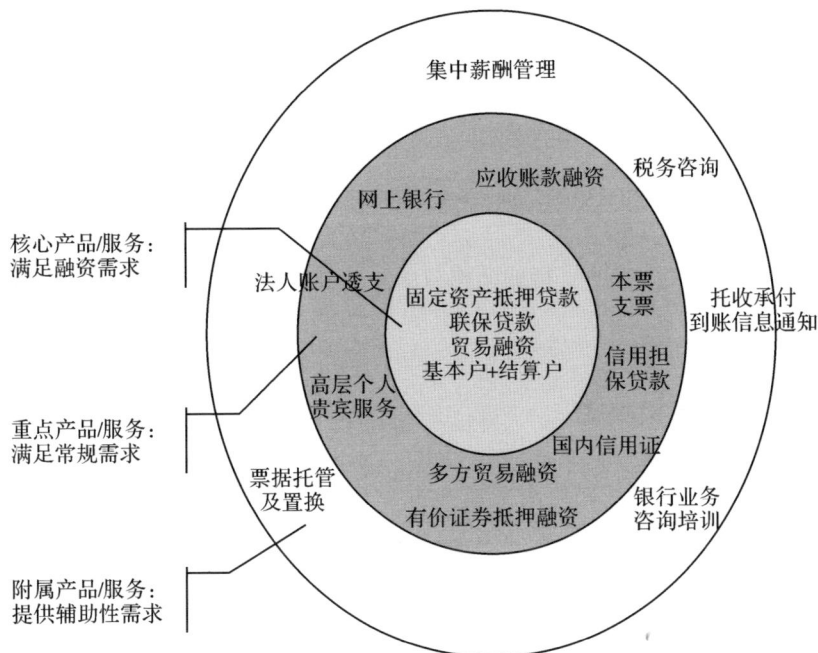

图 2.1　中小企业融资需求

表 2.1　2012 年中国不同类型银行小微企业贷款和个人经营性贷款情况

银行类别	平均资产/亿元	小微企业贷款占企业贷款比重/%	小微企业贷款占银行资产比重/%	个人经营性贷款占银行资产比重/%	小微企业和个人经营性贷款占银行资产比重/%
大型商业银行	115880	19.90	6.84	1.85	8.69

银行类别	平均资产/亿元	小微企业贷款占企业贷款比重/%	小微企业贷款占银行资产比重/%	个人经营性贷款占银行资产比重/%	小微企业和个人经营性贷款占银行资产比重/%
股份制商业银行	19533	22.10	6.98	4.17	11.15
城市商业银行	858	39.72	12.91	3.38	16.29
村镇银行	4	87.88	32.67	31.28	63.95

资料来源:根据中国银保监会相关数据计算得到。

　　具体而言,当前银行业结构与中小企业融资需求的不匹配主要体现在以下三点。

(一)信贷歧视

　　在中国经济体制渐进式改革的过程中,在很长一段时期内,为了保证国有经济的平稳增长,从而为改革创造有利的环境,国有企业占据了大部分的金融资源,而中小企业在正规金融系统获得融资的诉求受到压制,陷入融资困境。再加上国有商业银行经营理念存在一定的偏差,认为国有银行与国有企业具有"同根"性,其资产都属于国家,因此,即使国有企业存在重大的信用风险,依然向其发放贷款。而中小企业大部分是非国有企业,与银行资产没有"同根"性,如果贷款不能收回,将会产生重大的责任事故。因此,国有银行对中小企业的贷款特别慎重,以至出现"惜贷"的情形。这种信贷歧视对中小企业发展或者金融环境的优化带来如下不良影响:一是基层支行将会出现存多贷少的问题。严格的信贷制度进一步限制了基层支行的信贷行为,加上严格贷款条件、清理边散小户、控制新增贷款户,导致相当部分的中小企业很难通过国有银行这一渠道获得融资。二是信贷的激励机制不够健全。国有商业银行虽然强化了贷款风险的约束机制,但是相应的激励机制尚未建立,从而导致制度体系的不健全,严重影响了基层支行支持中小企业的积极性和信贷人员的放贷积极性。三是国有企业的"坏账"处理机制不够健全。在很长时期内,地方政府对国有企业的坏账承担无限责任,并会补贴国有企业出现的亏损。但中小企业出现坏账时,却很难享受到政府补贴,由此加大了国有商业银行开拓中小企业信贷业务的后顾之忧,"惧贷心理"加剧。四是中小企业的贷款流程冗长。国有商业银行的信贷操作流程长、环节多,而中小企业贷款一般需求急、周转快,显然国有银行的信贷流程无法适应中小企业,同时增加了银行的管理成本和单项融资交易成本。

(二)中小金融机构发展滞后

随着金融市场的不断完善,我国银行体系日益健全,包括城市商业银行、农村商业银行等。但我国目前的银行体系是以中央银行为核心,四大国有商业银行为主体,四大国有商业银行改制后,业务重点放在大宗批发业务上,很少关注零售型中小企业的资金需求。地方金融机构改造后成为地方的国有企业,其支持中小企业融资的职能未能很好地发挥。从目前的银行体系来看,城市商业银行等中小金融机构明显不足,不仅是数量上的不足,在创新型服务产品上也存在不足,进一步发展面临诸多障碍。目前,县级以下的金融机构以四大国有银行的分支机构、城市商业银行和农村信用社为主体。四大国有银行在集约化的经营过程中,不同程度地减少了县级以下分支机构,或上收了县级以下分支机构的贷款权,城市商业银行数量不多,城市覆盖面远远不够,并且自身发展也存在不少问题。农村信用社虽数量较多,但经营不善,风险突出,难以满足中小企业融资需求。同时,地方中小银行的市场定位也不同程度地偏离中小企业,和大银行一起争夺大客户,弱化了对中小企业的融资支持。

（三）政策性银行对中小企业融资需求力不从心

《中华人民共和国中小企业促进法》第十五条规定，国家政策性金融机构应当在其业务经营范围内，采取多种形式，为中小企业提供金融服务。但从目前的金融大环境来看，这一规定很难落到实处。国家政策性银行的主要任务在于支持特定领域的发展，鲜有政策性银行聚焦于中小企业。譬如，国家开发银行的主要任务是支持国家的基础设施、基础产业和支柱产业中的大中型基本建设和技术改造等政策性项目和配套工程建设，而这些项目不是中小企业所能够承担的，中国进出口银行的主要任务是为扩大中国机电产品和成套设备等资本性出口提供政策性金融支持；中国农业发展银行的主要任务是筹集农业政策性资金，为农业和农村经济发展服务。可见，支持中小企业不是这几家政策性银行的主要任务。

银行在当前融资市场占据绝对的主导地位，是中小企业融资的首选渠道。但我国金融制度变迁呈现出了渐进性和先增量、后存量以及先体制外、后体制内的变迁顺序，导致我国金融制度具有"双轨制"的特征。从体制外而言，增量变迁是主要特色，商业银行的体量不断增大；从体制内而言，存量变迁是主要方式，国有银行的规模不断扩大。具体而言，大力发展股份制商业银行，尤其是城市商业银行，促进中小企业融资，也给国有银行带来了竞争对手，促使国有银行改革，以此建立现代商业银行制度。在存量改革上，出于稳定性的考虑，国有银行的规模不断扩大，但国有金融制度依旧保持了强势垄断地位。而这种改革也产生了制度供给过剩的问题，从而导致了金融资源的错配，即相对于民营金融制度的供给不足，国有金融制度的供给过剩。从表2.2和图2.2金融组织体系的所有权结构内容看，大多数金融机构的产权属于公有金融产权,民营金融产权在金融组织体系中的比例非常小。

表 2.2　银行类金融机构总资产情况　　　（单位:亿元）

银行类型	2007 年	2008 年	2009 年	2010 年	2011 年
政策性银行	42781	56454	69456	76521	93133
大型商业银行	285000	325751	407998	468943	536336
股份制商业银行	72742	88337	118181	149037	183794
城市商业银行	33405	41320	56800	78526	99845
农村商业银行	6097	9291	18661	27670	42527
农村合作银行	6460	10033	12791	15002	14025
城市信用社	1312	804	272	22	30
农村信用社	43434	52113	54945	63911	72047
新型农村金融机构和邮政储蓄银行	17687	22163	27045	35101	43536

资料来源:根据历年《金融统计年鉴》整理所得。

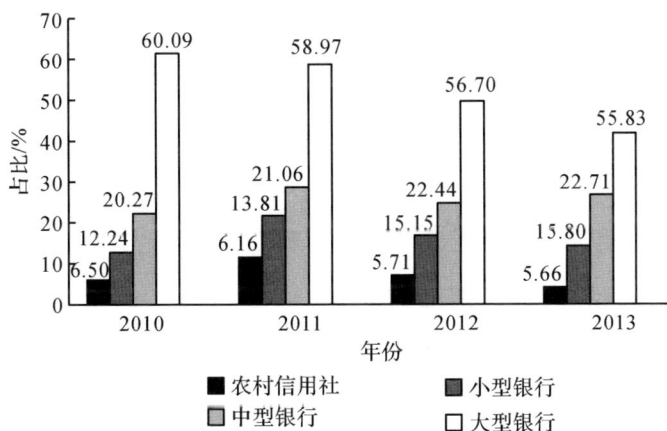

图 2.2　各银行类金融机构资产比重

二、资本市场结构与中小企业融资需求不匹配

总体而言,资本市场结构与中小企业融资需求不匹配主要是因为直接融资内部未形成多层次的资本市场结构。主板市场与二板市场、股票市场与私人权益资本市场、股权资本市场与债权资本市场、交易所交易与场外交易等不同层次的资本市场各自匹配于不同特征和金融需求的中小企业。

中国资本市场融资本身也存在结构不合理的问题:股票融资偏大、债券比例不足,在债券市场中政府债券偏多、公司债券不足。具体来说,这种发展的不平衡性主要体现在以下几个方面。

(一)股票市场与债券市场发展失衡

从中国近些年的债券发行情况看,企业债券市场发展相当缓慢,与股票市场的迅速发展相比,呈现出明显的滞后性。同时债券市场中政府债券占主要份额,企业债券市场发展严重滞后,其主要原因是政府对企业债券的管制,导致债券风险与收益倒挂,加之信贷资金的预算软约束,严重制约了企业债券市场的发展,阻塞了投资者直接投资的渠道。一方面,债券市场落后,导致企业直接融资的渠道不畅通;另一方面,信贷资金软约束,直接加大了银行经营风险,损害了存款人利益。

(二)债券市场内部结构失衡

当前债券市场上,国债和政策性金融债占据了主导地位,相比较而言,企业和公司债券不断萎缩。

(三)证券市场结构失衡

一是二板市场尚不健全,中小企业和高新技术企业很难通过资本市场融资。二是证券交易市场单一,未形成完善的证券场外交易市场,不利于证券的流通。

2018 年前 11 月,我国社会融资(增量)中直接融资(企业债券融资与非金融企业境内股票融资)规模为 2.4 万亿元,同期直接融资占社会融资总额的比重为 13.6%,充分说明绝大部分资产为间接融资金融机构所拥有,其中又主要为大型国有商业银行所拥有。这种组织体系架构是不合理的,最直接的问题仍旧在于国有商业银行几乎垄断了整个金融组织体系,形成了"间接金融过强,直接金融过弱"的寡头垄断格局。

三、金融功能结构与中小企业融资需求不匹配

中小企业的金融需求不只是融资,还包括众多增值服务需求,要求金融功能全面化。近年来,银保监会实施了诸多推动为中小企业服务的措施,包括建立为中小企业提供金融服务的专业机制和体制、创造良好的制度环境、保障对中小企业信贷的持续倾斜、大力建设和完善中小企业信用担保体系等。但就目前各大银行的服务创新以及产品创新情况看,依然存在以下几个问题。

(一)各商业银行金融产品同质化现象严重

许多面向中小企业的金融产品最初都是从原有大企业金融产品移植复制而来的,在贷款期限、授信金额、担保方式等方面稍加修改便投入中小企业市场,而银行间的相互复制和模仿使得中小企业金融产品同质化现象十分严重,市场上形形色色的中小企业金融产品,虽然

产品名称不同,但业务功能却大同小异。

(二)大中型银行对中小企业融资的审批制度过于苛刻和烦琐

大中型银行审批制度过苛主要表现在以下两方面:一方面,大中型银行对中小企业融资设置的门槛过高,无论是抵押担保还是信用担保,大中型银行对中小企业的放贷要求无疑是过高的;另一方面,大中型银行对中小企业融资的审批程序繁冗,中小企业的资金需求有着"需求急、周期短、金额小"等特点,繁冗的审批手续迫使中小企业不得不放弃向大中型银行贷款,转而借助民间资本以解决资金短缺问题。

(三)中小企业融资市场巨大,但金融行业核心竞争力有待提高

根据项目组的实地调研,无论是国有商业银行,还是股份制银行,或者一些地方性银行,对中小企业贷款,尤其是小微企业的贷款都抱有积极的态度,但在服务中小企业、创新融资产品方面还有很多亟待提升的空间。此外,中小企业融资对银行的一个很大的挑战是需要足够的人手应对庞大的企业群体,银行业要调整以往的战略,把客户群体聚焦于中小企业,就需要在产品、管理、技术等方面进行提高。

综上,银行业金融机构对中小企业的金融服务存在种种问题的根源在于以下几点:一是市场定位方面。一般而言,国有商业银行往往侧重于大型企业,而地方性城市商业银行则是侧重于地方中小企业,但在实践中,一些银行尤其是中小银行和农村金融机构缺乏清晰的市场定位,并没有按照银行设立初衷为中小企业提供融资服务。二是机制和体制方面。银行贷款需要进行信贷审批,但中小企业融资往往存在"需求急、周期短、金额小"的特点,需要快速审批、快速放款。但一些银行的信贷审批程序复杂、繁冗,可以说是层层审批,与小企业的融

资需求特点不匹配,不利于纾解中小企业融资困境。三是激励引导方面。纾解中小企业融资困境是银行的重要业务,也是银行发展的重要增长点,但当前一些银行没有制定针对中小企业贷款的考核机制和晋职免责制度,导致银行服务中小企业融资的积极性不高。四是风险控制方面。不可否认,中小企业的融资风险相对较高,尤其是小微企业,抵押品少、征信不健全等问题普遍存在,这就要求银行能够建立起与中小企业融资特点相适应的风险管理制度,然而一些银行的内部控制体系和风险管理措施还不能适应中小企业融资风险的特点。

四、金融业态结构与中小企业融资需求不匹配

随着科技水平的提高,社会分工越来越细,社会经济活动的社会化、虚拟化、网络化、电子化特点,要求金融业态多样化。近年来,中国金融市场的发展取得了一些成效,但社会融资过度依赖银行的现状仍然没有得到实质性的改变,风险过度集中在银行的状况没有根本转变,需要促进金融生态主体的多元化。

(一)服务中小企业融资的金融业态不发达,服务水平过低

当前,对于缓解中小企业融资需求存在的一个困境是各类非银行金融机构发展不足。除了银行、证券和保险等业态需要均衡发展外,中小企业融资困境的纾解,需要一个更为高效的金融业态环境,如科技成果评估机构、科技担保机构、典当公司、金融咨询机构、保险中介机构、第三方支付机构、信用增级机构等健康有序发展,企业年金、资产管理、财富管理、私募股权基金、融资担保公司等新型金融业态主体需要得到更大的发展,提升这些金融机构服务中小企业融资的能力。

(二)征信制度不够完善,导致中小企业融资环境不佳

建立健全征信制度是纾解中小企业融资困境的重要环节,其中涉及信息的收集、处理、评价、使用等诸多问题。从征信角度来说,虽然我国建立了企业信用信息基础数据库,但是中小企业信用信息并不完善。这其中有中小企业自身的某些不诚信行为导致信息失真的原因,但更重要的原因在于中小企业信用信息分散在各个部门中,数据共享通道尚未完全打通,譬如工商、公安、海关、税务等部门的信息资源相对独立,而且各个部门之间的协调、共享机制相对缺乏,使得中小企业信用信息难以整合在一起。从信用评级角度来说,独立的信用评级机构公信力不够当然是一个重要问题,但从银行方面来分析,中小企业申请贷款过程中,各银行都有自己独立的信用评级体系,并且每个银行评级的标准都有所不同,同样一家企业,在此银行被评为 A 级信用企业,而在彼银行却可能被评为 B 级信用企业。征信体系的不健全,使得发展较好的中小企业与发展差的中小企业一样面临融资难的困境,不利于市场机制优胜劣汰功能的发挥。

(三)信用担保制度不健全,缺乏良好的银行信贷环境

受限于规模等因素,单靠中小企业自身的信誉难以从银行获得贷款,可以说中小企业普遍存在信用问题,这中间就需要信用担保机构来纾解这种困境。目前,银行和担保机构之间的风险分担机制尚不健全,导致银行没有动力去履行贷款审查与管理义务,贷款出现风险后,银行也没有积极性去追偿,导致担保机构与银行的权利和责任处于较为不对等的状态。这种不对等性提高了担保公司的营运成本,使其盈利空间不足以满足正常的投资回报要求,导致许多担保公司退出市场,整个担保行业逐渐萎缩,市场处于更加不健全的状态,加剧了中小

企业的融资困境。从担保体系角度来说,一方面,中小企业担保体系缺乏必要的资金补偿机制,仅靠担保费的收入难以持续运转;另一方面,缺乏风险分散机制,中小企业如果无力还贷,担保机构需要连本带息全部偿还给银行,在业务操作中往往承担极大的风险,严重打击了担保机构的积极性。

　　从以上这些方面而言,中小微企业贷款占银行贷款比重显然不会很高,根据兴业银行内部研究报告,2010年至2012年,江苏、浙江、内蒙古等地的中小微贷款占银行贷款总额比例排在全国前列,但绝大部分仍未超过20%,还是处于较低水平(见图2.3)。

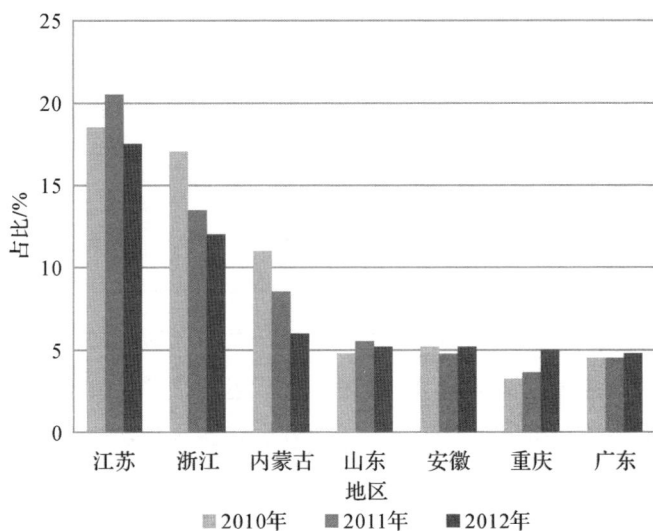

图 2.3　银行贷款中小微贷额度占比居前七位的省(区、市)

数据来源:兴业银行内部研究报告。

第三节 融资制度失衡主要原因解析

政府主导金融制度改革的直接原因是金融制度变迁不一定能够带来金融的普遍预期收益的递增,由此导致中国金融制度的非均衡性。由于局部试点、特殊性制度安排,金融资源分配一定程度上存在错位,受限于制度约束,金融资源将会产生不一样的效用,不利于制度变迁的收益最大化,与改革的初衷产生一定偏离。

一、有效金融制度供给不足

当前,我国金融制度改革不断推进,譬如利率市场化不断推进、汇率制度改革不断推进、中小企业融资难题不断纾解,积累了有益的探索经验。但不可否认,利率市场化、人民币国际化等改革仍旧存在不少问题,究其原因,主要是金融改革存在强制性、滞后性,导致了有效金融制度供给的不足。不论是市场利率化改革、人民币国际化改革、中小企业融资问题解决,都要求金融制度更加市场化,但实际上金融制度的改革主要由政府主导,市场化改革还需要进一步推进,而这种由政府为主体的制度改革往往过多地具有行政化特色,导致有效金融制度供给明显不足。如金融领域为银行业垄断,银行业又为国有商业银行垄断的金融制度导致了金融供给的失衡;行政化的金融监管制度降低了金融体系的运行效率,而且助长了金融寻租和金融腐败。

与此同时,中国金融制度出现有效供给不足的一个重要原因在于金融制度变迁的低效性。政府主导的金融制度变迁无法提供一个完全充分的竞争环境,导致金融制度变迁的效率不高。既得利益集团为了垄断金融产权所带来的利益,会阻碍其他金融机构进入,从而形成较为固定的垄断金融环境,这也给金融环境的充分自由竞争形成了阻碍。如限制民营金融机构准入,即拒绝了与金融制度需求者之间通过博弈取得"和解"、使制度变迁朝着有利于"帕累托改进"的方向前进。在高效的金融制度环境下,博弈和竞争的双方总能通过市场的配置力量最后达到均衡状态,金融制度供给不会长期难以达到均衡点。改革开放以来,金融制度改革不断深化,虽然民营企业融资难、融资贵的问题依旧存在,但从市场角度而言,民营企业融资问题已经得到了很大程度的改善,而这也是金融制度不断创新、市场环境不断优化所带来的。

二、非均衡性金融资源配置

金融资源配置的非均衡性主要体现在两方面,即金融机构体系的非均衡和金融市场体系的非均衡,归根结底则在于金融市场体系的不健全。

(一)我国金融机构体系的非均衡

虽然我国金融机构体系已经具有多元化的特点,但从总量层面来看,我国金融体系还没有达到健全的状态,大部分金融资源都掌握在国有银行手上,导致了我国金融资源配置的不平衡性。在融资市场,国有企业占据了大部分的金融资源,而民营企业融资难、融资贵的问题一直存在。从经济结构来看,民营企业已经成为推动我国经济发展的重要力量,而且不断占据重要位置,但却难以得到足够的金融资源来满足发展需求,为民营经济提供金融服务的机构的缺乏是问题的关键。

(二)我国金融市场体系的非均衡

我国金融市场体系框架已基本形成,并不断完善,但当前来看仍处于非均衡的状态,尤其是直接融资市场需要不断优化。当前,科创板不断推进,为中小科技型企业融资提供了新的渠道,但从金融市场而言,中小企业融资渠道依旧比较窄,直接融资市场的改革需要进一步加强。在此基础上,金融产品价格并没有完全市场化,不能反映出资金成本和市场供求的关系,宏观金融调节体系无法真正确立并有效运作。金融领域中的一些产品价格受到了抑制和扭曲,市场调节作用非常有限,这与整个经济体制改革的进程不相适应。

三、金融市场征信机制落后

金融制度的正式规则和非正式规则都深刻影响着金融交易的成本,从而影响金融资源的配置。从本质上而言,金融是商业信用高度发展之后的产物,而市场经济本质上也是信用经济。但我国征信制度一直有待完善,有些地区、有些企业存在着观念淡薄、信用基础薄弱的问题。征信体制的不健全阻碍了金融市场的高质量发展,使得金融制度难以满足企业融资需求。信用制度的不完善造成的信用缺失既是市场的大环境,也是金融制度改革面临的制度困境之一。造成中小企业融资难的原因是多方面的,没有建立起与市场经济相适应的中小企业征信制度是根本原因。

中小企业往往缺少抵押品,财务信息不透明,财务制度不完善,银行对中小企业借款人的投资项目和借款人偿还贷款的意愿缺乏完全信息,信息不对称问题非常严重,并面临着来自借款人的道德风险。在实际的中小企业融资活动中,由于资金供需双方客观上存在信息的不对称,资金供给方为规避放贷风险,往往只对信用状况良好的企业给予授信。对银行来说,中小企业贷款具有高风险、高交易成本的特点,因此往往采取减少向中小企业贷款,或者提高中小企业贷款门槛等办法,加强贷款评估,从而导致中小企业融资困境。

四、外生制度配套建设滞后

金融制度安排是保障金融发展的重要基础,在制度结构中各项制度安排都是相互联系、相互依靠的,各项制度安排都是严格互补、不可替代的。综观我国当前的金融制度体系建设,我国的产权制度、信用制度、法律制度等还处于逐步完善的阶段。从现阶段来看,我国金融法制建设还存在四方面问题。

(一)保护中小企业的相关法律制度还不够健全

虽然《中小企业促进法》《公司法》《合伙企业法》等法律体现了我国的立法精神,有效保护着中小企业发展,但从具体操作而言,关于中小企业产权保护、企业家保护等方面的法律仍需要进一步健全,尤其是操作性、实践性需要进一步加强。

(二)中小企业的产权保护存在缺陷

产权制度是市场机制形成和良好运行的重要前提,没有产权制度的约束,将会导致整个市场经济处于混乱的状态。我国一直在为中小企业产权保护做出努力,但不可否认,我国的产权保护制度仍旧存在很大缺陷,需要进一步填补、完善。不仅如此,产权保护是纾解中小企业融资困境的重要前提,解决中小企业融资问题需要先把产权保护制度不够健全的问题解决好。

(三)非正规金融的法律供给不足

民间资本是中小企业融资的重要途径,具有很强的"融资活性",由此也形成了典当等非正规金融形式。但由于民间资本的逐利性、盲目性,民间融资存在很大风险,需要法律去约束、去规范。从当前的实践来看,非正规金融的法律供给明显不足,不利于民间融资的规范化发展。

(四)对中小金融机构的法律监管不足

现有法律、规章制度基本上是针对银行、证券公司的,对中小金融机构的法律监管明显不足,而且在市场准入等方面还存在缺陷与不足。

第三章　金融制度创新纾解中小企业融资困境的机理

金融制度是一个国家以法律形式确立的金融体系结构,以及组成这一体系的各类银行和非银行金融机构的职责分工和相互联系。金融制度的基础层是金融活动和金融交易参与者的行为。在任何一个金融制度中,它的参与者基本上都可以归纳为五类:资金有余的人或部门、资金短缺的人或部门、金融中介机构、金融市场、金融监管部门。基于这种架构,本书所研究的金融制度包括金融组织制度、金融交易制度及金融监管制度。金融组织制度考察金融制度中各参与者的形式及行为,以及银行等金融机构在制度层面的创新;金融交易制度主要考察金融机构在纾解中小企业融资困境中的具体行为及模式创新;金融监管制度主要考察政策法规等制度层面的创新及其在纾解中小企业融资困境中的作用。

第一节　组织制度创新的机理分析

金融组织是指在一定的社会经济及金融制度下以法律形式确立的银行体系和非银行金融机构的组织结构。金融组织产生金融组织体系,形成支持企业融资的组织制度,包括发展间接信用机构、开拓直接信用机构等。本书以银行信贷风险模型等为基础,研究中小金融机构等金融组织制度创新纾解中小企业融资困境的机制。

一、银行信贷风险与成本的分析

银行贷款是中小企业融资的主要途径,但由于大中型银行在审批贷款时对企业信用、抵押品等要求较高,所以大中型银行贷款主要面向资金实力雄厚、项目平台广阔的大企业,而中小企业由于在财务制度、抵押品等方面均有不足,所以对银行而言贷款给中小企业就增加了信贷风险(见图 3.1)。这就导致中小企业即使能够从大中型银行贷到款,也需要经历较烦琐的审批程序并支付较高的贷款利息,所以中小企业虽然有通过银行贷款解决资金难题的融资需求,但是大中型银行对中小企业贷款的供给却严重不足,由此导致了现行金融体制下中小企业资金供求错位的不匹配问题。中小金融机构的发展恰恰能够改善这种不匹配的局面。中小金融机构限于自身资金规模、服务创新等因素,在融资市场上无法与大中型银行等金融结构竞争,以致中小金融机构没有机会也没有实力向大企业提供融资服务,所以中小金融机构往往以中小企业为服务对象。与此同时,中小金融机构基本上扎根于区域性市场,对当地以及周边地区中小企业的资金状况、信用情况等信息比较清楚,能够更好地为中小企业提供差异化服务,解决中小企业融资市场的资金供求错位问题,纾解中小企业融资困境。

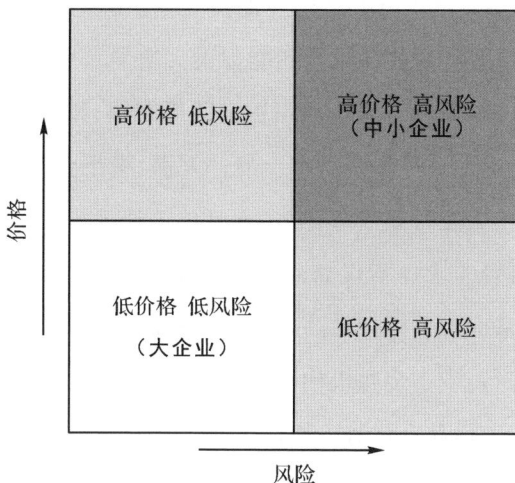

图 3.1　商业银行贷款定价与风险关系

经济决定金融,而金融又支撑着经济发展。在现代经济体系中,经济对金融的依赖性越来越强,而金融形式也越来越多样化。金融对企业扩大生产经营规模具有支持作用,但也影响着企业的生产方式、资产选择和分配过程。从产权经济学理论来看,一种经营方式和经济运行机制只有与特定的经济组织结构相匹配才能起到作用,尤其是与产权结构相适应才能产生效率。随着我国金融的不断发展,建立起合适的金融产权结构至关重要。我国经济结构具有多元化的特征,这就要求金融结构也要具有多元化特征,以匹配经济发展中的多元化需求。所以,中小金融机构的发展是对金融组织制度的有益补充,能够推动我国金融制度的不断完善。

中小金融机构和中小企业之间存在着天然的联系,两者相辅相成。快速发展的中小金融机构是对传统金融的有益补充,能够有效缓解中小企业融资难、融资贵的问题。当中小金融机构出现发展缓慢的问题时,中小企业的发展也会受到限制。从某种意义上而言,中小金融机构与中小企业之间有着"输血者"和"抽血者"的关系。一方面,中小金融机构发展,能够为中小企业提供资金来源,金融机构的蓬勃兴起,使中小企业获得贷款的机会和能力大大增加。中小金融机构更多地面向中小企业,而中小企业使用资金的周期短、数量小,中小金融机构能够很好地满足这种融资需求。另一方面,中小金融机构的贷款审批流程,相较于大银行要简单得多,而且放款速度更快,能够充分满足中小企业的融资需求。不仅如此,中小金融机构扎根地方,对当地企业更为了解,从而对于抵押品的要求相对较低,方便了中小企业融资。

相较于银行,中小金融机构在企业信息、交易成本、提供特定服务以及运营成本方面具有优势。所以,中小金融机构更加愿意为中小企业提供贷款。因为中小金融机构扎根本地,通过长期接触,对中小企业的征信情况更加了解,并且能够创新贷款模式,进行关系型贷款,从而简化中小企业贷款的审批流程,便利中小企业融资。如图 3.2 所示,假设同样为中小企业提供信贷服务的有小银行和大银行,决策所需的信息成本和基于组织行为的运营成本两部分组成贷款的总成本。从运营成本来看,随着规模扩大,运营成本也会随之提高,所以相较于小银行,大银行的运营成本更高。从信息成本来看,对于中小企业贷款,小银行在信息搜寻上更具优势。一方面,小银行扎根本地,能够与中小企业产生更为紧密的联系,从而能够更好地获取中小企业的发展现状、资金状态等。另一方面,大银行的征信调查相对而言更为严苛,在给中小企业贷款审批时,需要支付更高的搜寻成本、谈判成本和监督成本,不利于中小企业的贷款。不仅如此,大银行对于企业的抵押品要求也更高,但中小企业往往难以提供与贷款需求相适应的抵押品,导致中小企业获取大银行的贷款比较难。从两方面的成本来看,小银行最优决策点的成本显然远远低于大银行最优决策点的成本,充分证明了在向中小企业贷款方面,小银行存在成本优势。因此中小金融机构比大型金融机构更愿意提供关系型贷款给中小企业。

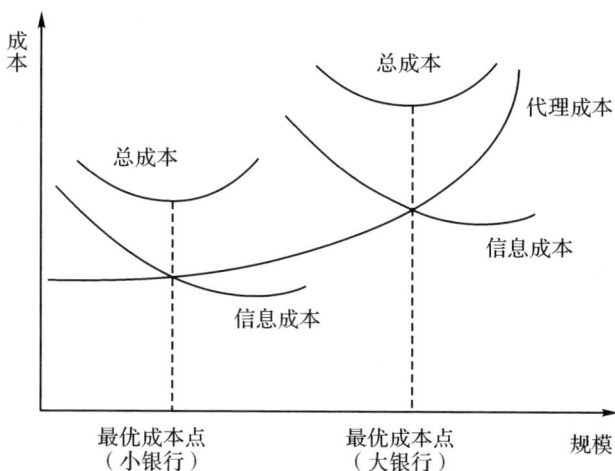

图 3.2　大小银行为中小企业提供融资服务的成本分析

二、中小企业信贷市场模型分析

下面基于古诺数量竞争模型,建立一个基于不同运营成本和信息成本的中小企业借贷市场模型,分析金融机构成本和借贷市场竞争程度对市场利率和资金配置结构的影响,以及这些竞争均衡对银行和中小企业的意义。

假设借贷市场有 n 个中小企业,由于企业数量众多,单个企业在贷款市场上几乎没有议价能力,或者说,被假定为市场贷款利率的接受者。每个企业面临相同的贷款需求曲线;单个企业贷款需求曲线向右下方倾斜,即企业的贷款需求和贷款利率成反比,假设企业 i 的贷款需求函数为

$$l_i = a_i - b_i r_i \qquad (3.1)$$

式中,l_i 是企业 i 的贷款需求数量;a_i 为企业最大资金需求量;b_i 是企业考虑利率弹性后的资金量。

继续假设市场上的每个企业在贷款需求上具有某种同质性,即对

贷款的利率弹性相同,或者表述为 $a_i = a, b_i = b, i = 1, 2, \cdots, n$。由于所有企业都是市场利率的接受者,基于对称性,故加总可得市场需求函数

$$l = a - br \qquad (3.2)$$

式中,l 是贷款市场需求总量;r 是贷款利率;b 是贷款的利率弹性;a 为市场总的资金需求量。

(一)国有大型银行垄断借贷

假设市场上的资金全部由一家国有大型银行供给,则银行的利润函数为

$$\pi = l\left(\frac{a-l}{b}\right) - lr_d - lc \qquad (3.3)$$

式中,l 为贷款数量;r_d 为市场存款利率,因为当前我国对存款利率进行管制,故 r_d 可理解为常数;c 为国有大型银行的单位经营成本率。利润最大化的一阶条件 $\frac{\partial \pi_m}{\partial l_m} = 0$,可得

$$l_m = \frac{a - br_d - bc_m}{2} \qquad (3.4)$$

$$r_m = \frac{a + br_d + bc_m}{2b} \qquad (3.5)$$

$$\pi_m = \frac{1}{b}\left(\frac{a - br_d - bc_m}{2}\right)^2 \qquad (3.6)$$

(二)国有大型银行寡头竞争借贷

假设市场上的资金全部由两家国有大型银行供给,两家大型银行面临相同的市场利率和运营成本,银行之间进行古诺竞争,则银行 i 的利润函数为

$$\pi_i = l_i\left(\frac{a-l}{b}\right) - l_i r_d - l_i c_i, i = 1,2 \tag{3.7}$$

式中，l 为市场资金供给总量，l_i 为银行 i 的贷款数量；r_d 为市场存款利率；c_i 为两家大型银行的单位经营成本率，根据假设 c_i 相同。两家银行各自利润最大化的一阶条件 $\frac{\partial \pi_i}{\partial l_i} = 0$，可得两者的反应函数

$$\frac{\partial \pi_1}{\partial l_1} = \frac{a - 2l_1 - l_2}{b} - r_d - c_i = 0$$

和

$$\frac{\partial \pi_2}{\partial l_2} = \frac{a - 2l_2 - l_1}{b} - r_d - c_i = 0 \tag{3.8}$$

并解得古诺均衡

$$l_1 = l_2 = \frac{a - br_d - bc_i}{3} \tag{3.9}$$

$$r_d = \frac{a + 2br_d + 2bc_i}{3b} \tag{3.10}$$

$$\pi_i = \frac{1}{b}\left(\frac{a - br_d - bc_i}{3}\right)^2, i = 1,2 \tag{3.11}$$

接下来对以上两类国有大型银行不同竞争程度市场的情况做一些简单的讨论。首先，假设垄断借贷市场的大型银行的单位成本和古诺竞争市场中的相同，那么古诺竞争市场中的资金借贷总量要大于一家银行垄断时的数量，而借贷市场的利率则是后者大于前者，我们做一下简单证明。

对于资金总量，古诺竞争市场的资金借贷总量大于一家银行垄断时的市场。

$$l_1 + l_2 = \frac{a - br_d - bc_i}{3} > \frac{a - br_d - bc_m}{2} = l_m$$

对于市场利率，古诺竞争的贷款利率小于一家银行垄断时的市场。

$$r_m = \frac{a + br_d + bc_m}{2b} > \frac{a + 2br_d + 2bc_i}{3b} = r_d$$

对于被国有银行垄断的借贷市场,竞争程度更高的市场结构将具有更大的市场容量和更小的市场利率。在我国当前的资金借贷市场中,利率和资金数量,很多时候更重要的是后者,对中小企业的生存与发展起着非常关键的作用。根据前文古诺模型的结论,利率相对降低的同时,资金总量相对增加。

其次,国有大型银行的利润下降和社会总福利上升。比较两种情形下大型国有银行的利润,如果假设单位成本相同,则有

$$\pi_1 + \pi_2 = \frac{2}{b}\left(\frac{a - br_d - bc_i}{3}\right)^2 < \frac{1}{b}\left(\frac{a - br_d - bc_m}{2}\right)^2 = \pi_m$$

$$(3.12)$$

所以古诺均衡时利润较低。该结论指出,竞争性的资金市场对目前国内国有大型银行过高利润的抑制将起到一定作用,从而使社会资源达到优化配置。如果以经济总剩余的视角来测度社会总福利,也可以发现古诺竞争相比于垄断市场来说,无谓损失更少。

下面在大型国有银行古诺竞争模型基础上,考察借贷市场中存在中小银行的情形。

(三)中小金融机构进入借贷市场

假设基于以上两家大型寡头国有银行的古诺竞争模型,某中小银行进入借贷市场。中小银行的优势是具有更灵活的运营方式和更低的信息成本,所以在该区域的借贷市场中,与国有大型银行相比,中小银行有相对较低的单位经营成本,存在一定的竞争力。假设中小银行的单位经营成本 $c_s < c_i$,l_s 为中小银行的资金供给数量,其余假设相同,中小银行的利润函数可写为

$$\pi_s = l_s \left(\frac{a-l}{b} \right) - l_s r_d - l_s c_s \qquad (3.13)$$

根据中小银行利润最大化的一阶条件,可得

$$\frac{\partial \pi_s}{\partial l_s} = \frac{a - 2l_s - l_1 - l_2}{b} - r_d - c_s = 0 \qquad (3.14)$$

此时大型国有银行利润函数的形式没有变化,反应函数可为

$$\frac{\partial \pi_1}{\partial l_1} = \frac{a - 2l_1 - l_2 - l_s}{b} - r_d - c_i = 0$$

和

$$\frac{\partial \pi_2}{\partial l_2} = \frac{a - 2l_2 - l_1 - l_s}{b} - r_d - c_i = 0 \qquad (3.15)$$

联立解出此时的古诺均衡

$$l_1 = l_2 = \frac{(a - br_d - bc_i) + bc_s - bc_i}{4} \qquad (3.16)$$

$$l_s = \frac{(a - br_d - bc_i) + 3bc_i - 3bc_s}{4} \qquad (3.17)$$

$$r = \frac{a + 3br_d + 2bc_i + bc_s}{4b} \qquad (3.18)$$

对于以上结果,可以继续证明,不论是出于交易成本还是出于信息优势,只要中小银行的单位借贷成本小于大型国有银行,那么中小银行进入借贷市场后,国有大型银行和中小银行共存的借贷市场的资金总量,或者说市场容量,将进一步扩大,借贷利率将进一步下降,中小企业从中能更多地获利。

(四)多家中小金融机构参与竞争

仍然假设基于两家大型寡头国有银行的古诺竞争模型,现在有 k 家中小银行进入借贷市场。假设 k 家中小银行具有相同的成本函数,此时借贷市场中金融机构的竞争程度加强,假设每家中小银行的

资金供给为 l_s^i，成本函数为 $c_s^i = c_s^*$，$i = 1, 2, \cdots, k$，且与国有大型银行相比，有 $c_s^i < c_i$。其他与情况（三）假设相同，故每家中小银行的利润函数可写为

$$\pi_s^i = l_s^i \left(\frac{a - l}{b} \right) - l_s^i r_d - l_s^i c_s^i, i = 1, 2, \cdots, k \qquad (3.19)$$

根据利润最大化的一阶条件，可得

$$\frac{\partial \pi_s^i}{\partial l_s^i} = \frac{a - 2l_s^i - l_s^{i-} - l_1 - l_2}{b} - r_d - c_s^i = 0, i = 1, 2, \cdots, k$$

$$(3.20)$$

其中，$l_s^{i-} = \sum_{i=1}^{k} l_s^i - l_s^i$。

因为假设了各家中小银行的同质性，根据均衡的对称性，可得

$$\frac{\partial \pi_s^i}{\partial l_s^i} = \frac{a - (k+1)l_s^i - l_1 - l_2}{b} - r_d - c_s^* = 0 \qquad (3.21)$$

同理，此时大型国有银行的反应函数为

$$\frac{\partial \pi_1}{\partial l_1} = \frac{a - 2l_1 - l_2 - kl_s^i}{b} - r_d - c_i = 0$$

和

$$\frac{\partial \pi_2}{\partial l_2} = \frac{a - 2l_2 - l_1 - kl_s^i}{b} - r_d - c_i = 0 \qquad (3.22)$$

联立解出此时的古诺均衡

$$l_1 = l_2 = \frac{a - br_d - (k+1)bc_i + kbc_s^*}{k + 3} \qquad (3.23)$$

$$l_s^i = \frac{a - br_d + 2bc_i - 3bc_s^*}{k + 3}, i = 1, 2, \cdots, k \qquad (3.24)$$

$$r = \frac{a + (k+2)br_d + 2kbc_i + kbc_s^*}{(k+3)b} \qquad (3.25)$$

接下来对在大型国有银行古诺寡头竞争的借贷市场中引入 k 家中小银行的情况，做一些讨论。首先，可以证明 k 家中小银行进入市

场与1家中小银行进入市场(大型寡头国有银行仍进行古诺竞争)的情形相比,市场资金总量进一步扩大,而市场份额分割中,大型国有银行的份额将减小而中小银行的份额将扩大。而且,利率或者说中小企业的借贷成本进一步减小,这将对中小企业的短期融资和长期发展创造更有利的条件。其次,在同质性假设下,可以证明随着中小银行数量 k 的增加,或者说市场竞争程度的上升,中小银行的贷款总量将增加,同时贷款利率将降低。

总之,大体上来说,随着市场准入的制度化和普遍化,以及由此带来的借贷市场竞争程度的上升,无论这些竞争是在大型国有银行之间[情况(二)],或是大型银行与中小型银行之间[情况(三)(四)],都会在一定程度上扩大资金市场容量,降低资金使用价格,减小中小企业的资金缺口,有利于改善中小企业的发展环境,并且,对整个金融市场内部也起到了一定的打破垄断、提升效率和改善结构的作用。

三、中小金融机构发展制度困境

中小金融机构在数量上已经形成一定规模,但从这些中小金融机构的发展现状而言,相较大银行仍具有相对的劣势,主要表现为资本规模小、单位交易成本高、服务功能不齐全、竞争能力弱、抗风险能力差等。同时在我国现行的金融体制下,中小金融机构在发展中存在特殊性问题,这些问题已成为阻碍中小金融机构健康发展的重要因素,严重制约了经营发展的空间。

(一)中小金融机构的定位不准确,而且经营同质化现象严重

中小金融机构扎根本地,初期的服务对象往往选择当地的中小企业、私营企业。中小金融机构体制灵活,享受着地方优惠政策,取得了迅速发展的良好态势,经济效益也稳步提升。但不可否认,中小金融

机构由于规模小,在具体定位、经营中也存在着局限性,尤其是没有形成规模效应。同时,中小金融机构的经营方式比较单一,高层次人才缺乏,经营方式同质化严重。

(二)中小金融机构的产权界定仍旧比较模糊

中小金融机构是随着中小企业不断发展而产生的,产权界定往往比较模糊,而且法人治理结构也没有完全建立。虽然中小金融机构进行了改革,但相较于大型金融机构,中小金融机构的股份制优越性没有充分发挥,而且内部的控制体系、管理体系等尚未达到合理高效的状态。与此同时,专业化人才匮乏也限制着中小金融机构的发展。笔者在走访浙江、上海等地众多中小金融机构过程中,负责人普遍反映高层次人才缺乏是限制自身发展的重要因素。

(三)国家对中小金融机构发展的扶持需进一步加强

中小金融机构由于规模小等原因,发展中还是会存在诸多问题。尤其是大银行不断将服务下沉,对中小金融机构产生了挤出效应。这就需要政府出台相应的政策更好地扶持中小金融机构发展,以此来破解当地中小企业融资贵、融资难的问题。不仅如此,相应的政策还对中小金融机构存在歧视。笔者在走访某地区商业银行过程中,该银行负责人表示银行很想实施"走出去"战略,实现跨区域发展,将分支机构设置在上海、浙江等经济实力较强的地区,但由于政策上的限制,无法真正实现跨区域发展。

(四)监管法律体系尚需建立和完善

当前我国对金融业实行"一行两会"的金融监管机制,尤其是党的十九大后机构改革使得监管体系更加明确。但不可否认,我国的中小金融机构起步较晚,但发展速度很快,在监管过程中也会出现新的问题、新的漏洞。最为重要的是,当前没有出台一部完善的《金融监管法》,无法对其进行全面实时的监管,很多经营者利用法律的漏洞,违法违规操作,扰乱金融秩序,破坏金融环境,阻碍了中小金融机构的合法、健康发展。

第二节　交易制度创新的机理分析

金融交易制度指的是金融市场中各大金融机构对中小企业提供融资服务的交易行为,通过平台创新、创业投资及科创板等直接融资交易制度的完善,能够丰富中小企业的融资渠道。

一、平台创新与中小企业融资

企业融资平台创新是推动小微金融交易制度完善的重要举措,而产业集群为企业融资平台的建立提供了很好的条件。产业集群是指集中于一定区域内,以特定产业为核心,众多具有分工合作关系的企业与其支持机构紧密联系在一起的集合。改革开放 40 多年来,中小企业快速发展,已经成为推动我国经济社会发展的"主力军"。但由于规模小、抗风险能力弱等因素,中小企业往往集聚在一起,形成产业集群,而这种集群也衍生出众多平台性优势。作为一种新型的经济组织形态,产业集群能够实现资源、信息等方面的共通共享,使得集群内的企业相对于单打独斗的个体企业具有较强的竞争优势和创新能力。当中小企业以产业集群的模式展开经营时,会大幅度降低集群内企业的经营成本,而作为一个有机整体,通过中小企业集群来获批融资,会将这种规模效应进一步发挥,改善中小企业的融资条件,有助于解决中小企业的融资瓶颈问题。具体而言,产业集群可以通过技术外溢等途径增强企业自身组织制度建设,降低企业贷款风险,以此增强企业获得贷款的能力;通过互助联保等形式解决银企信息不对称问题,促进银行贷款给中小企业;通过产业园区内中小企业联合发行债券等票据进行直接融资,以此缓和中小企业融资困难。

通过互助担保,产业集群内的中小企业向银行贷款变得相对容易。一方面,通过互助担保的形式,可以使每个企业在贷款中都有担保,而这种担保主要依靠各个企业之间的乡土信用;另一方面,产业集群内,企业对企业的征信调查更为容易,从而降低银行放贷成本,使银行更愿意放贷给集群内的中小企业。本节将通过一个简单的数理模型来说明以上机理。

假设整个市场为完全竞争的市场,市场上存在两个完全同质的企业 a 和 b,拥有相同的生产函数。为简化模型,假设两个企业的生产函数为 C-D 生产函数且规模报酬不变,即有,其中 K 为生产所需资本,L 为生产所需劳动力。由于市场为完全竞争的,所以企业 a 和 b 都是价格的接受者,假设价格为 P。企业 a 位于产业集群内,而且已经与其他产业集群内的企业一起组成了共同基金,但是需要交纳费用 F。而企业 b 是产业集群外的,并没有加入产业集群,所以自有资金 F 可以用于生产。所以,对于企业 a 和 b 有如下形式的利润函数

$$\pi_a = P \cdot A \cdot K_a^a L_a^{1-a} - w_a L_a - [1 + r(L_a)]K_a - F$$

$$(3.26)$$

$$\pi_b = P \cdot A \cdot (K_b + F)^a L_b^{1-a} - w_b L_b - [1 + r(L_b)]K_b - F$$

$$(3.27)$$

式中,w 为劳动力报酬;r 为企业贷款利率。为简化模型,假设银行能够满足企业的融资需求,成为企业贷款最优的资本金。

根据利润最大化的条件,(3.26)式和(3.27)式的一阶条件为:

$$\frac{\partial \pi_a}{\partial K_a} = P \cdot A \cdot \alpha K_a^{\alpha-1} L_a^{1-\alpha} - [1 + r(K_a)] - r'(K_a)K_a = 0$$

$$\frac{\partial \pi_a}{\partial L_a} = P \cdot A \cdot (1-\alpha)K_a^{\alpha}L_a^{-\alpha} - w_a = 0 \qquad (3.28)$$

$$\frac{\partial \pi_b}{\partial K_b} = P \cdot A \cdot \alpha(K_b+F)^{\alpha-1} L_b^{1-\alpha} - [1 + r(K_b)] - r'(K_b)K_b = 0$$

$$\frac{\partial \pi_b}{\partial L_b} = P \cdot A \cdot (1-\alpha)(K_b+F)^{\alpha}L_b^{-\alpha} - w_b = 0 \qquad (3.29)$$

从而得出企业 a 和企业 b 利润最大化时的最优条件

$$\frac{L_a}{K_a} \cdot \frac{\alpha}{1-\alpha} = \frac{[1+r(K_a)]+r'(K_a)K_a}{w_a} \qquad (3.30)$$

$$\frac{L_b}{K_b+F} \cdot \frac{\alpha}{1-\alpha} = \frac{[1+r(K_b)]+r'(K_b)K_b}{w_b} \qquad (3.31)$$

由于劳动力市场充裕,所以企业 a 和 b 的利润取决于投入资金的多少,但是生产所需要的资金取决于银行对企业的放贷规模。假设银行是理性的,对企业放贷规模以及放贷利率取决于银行的利润最大化问题,但是对于银行而言,必须将企业是否违约考虑在内。假设企业违约的概率与所贷金额有关系,并且服从一定的概率分布,记为 $P(L)$。对于企业 a 而言,倘若违约,那么产业集群内的共同基金便会替企业 a 偿还贷款金额的一定比例,记为 δL_a;而对于企业 b,由于没有参加共同基金,一旦企业 b 选择违约,银行的损失将是 L_b。从而有银行的利润函数为

$$\pi_{BA} = r(K_a)K_a + K_a - \delta P(K_a)K_a + r(K_b)K_b + K_b - P(K_b)K_b$$

$$(3.32)$$

当银行利润最大化时,有如下一阶条件

$$\frac{\partial \pi_{BA}}{\partial K_a} = r'(K_a)K_a + r(K_a) + 1 - \delta P'(K_a)K_a - \delta P(K_a) = 0$$

$$(3.33)$$

$$\frac{\partial \pi_{BA}}{\partial K_b} = r'(K_b)K_b + r(K_b) + 1 - P'(K_b)K_b - P(K_b) = 0$$

$$(3.34)$$

把(3.30)式和(3.31)式分别代入(3.33)式和(3.34)式中,可以得到

$$\frac{L_a}{K_a} \cdot \frac{\alpha}{1-\alpha} w_a = \delta P'(K_a)K_a + \delta P(K_a) \qquad (3.35)$$

$$\frac{L_b}{K_b+F} \cdot \frac{\alpha}{1-\alpha} w_b = P'(K_b)K_b + P(K_b) \qquad (3.36)$$

为进一步简化模型,假设企业违约概率 $P(L)$ 服从$[0,K]$的均匀分布,从而(3.35)式和(3.36)式可以变换得到

$$(\sqrt{\delta}K_a)^2 = \frac{\alpha}{1-\alpha} \frac{K}{2} L_a w_a \qquad (3.37)$$

$$K_b(K_b+F) = \frac{\alpha}{1-\alpha} \frac{K}{2} L_b w_b \qquad (3.38)$$

由于企业 a 和企业 b 处于相同的劳动市场当中,所以有 $w_a = w_b$;若两个企业雇用相同数量的劳动力,则有 $(\sqrt{\delta}K_a)^2 = K_b(K_b+F)$,即 $\left(\frac{K_a}{K_b}\right)^2 = \frac{K_b+F}{K_b\delta}$。由于 $0 \leqslant \delta \leqslant 1$,故有 $\frac{K_b+F}{K_b\delta} \geqslant 1$,则可知 $K_a \geqslant K_b$,即企业 a 可从银行贷到更多资金,即说明产业集群有利于中小企业的融资。对式子进行进一步变化,可以得到 $\left(\frac{K_a}{K_b+F}\right)^2 = \frac{K_b}{\delta(K_b+F)}$。当 $\delta \leqslant \frac{K_b}{K_b+F}$ 时,有 $K_a \geqslant K_b+F$,说明产业集群内的企业向银行申请贷款时,具有更多的优势,可以从银行获得更多的资金。从以上的分析可知,中小企业参与产业集群内的共同基金有利于中小企业向银行贷款。

二、创业投资与中小企业融资

(一)创业投资对经济发展的作用机制

创业投资是释放创新能量的催化剂和孵化器,是实现技术、人才、资金等创新要素有机结合的投融资制度,是促进创新发展的重要资本力量,亦是补齐创新短板的重要市场推动力量。多数中小微企业由于资产规模小,无法提供抵押物和担保,且由于风险较大,很难获得银行的贷款支持,处于融资困境。创业投资是缓解中小微企业融资难困境的有效途径之一,在支持创业企业或新兴产业的发展中起着至关重要的作用,具体体现在以下几个方面。

1. 有效促进高科技成果转化为生产力

资金是推动高新技术产业化的重要力量,缺乏资金会严重阻碍高新技术企业起步和成长。创投通过灵活的投资方式,在资本和高新技术之间架起桥梁,为创新型企业的诞生和成长,为高科技成果转化为生产力提供了资金保证。据不完全统计,浙江85%以上的创投资本投入了与高新技术有关的领域。除资金支持外,创投企业也为被投企业带去了先进的经营理念、商业模式和管理创新,加快了被投企业的发展。

2. 引导传统产业的剩余资本投资到新兴产业

近年来,众多的民营企业家与创投企业发生了密切的联系和合作。这些来自创投企业对被投企业的评价、判断、遴选形成传导机制,引导传统产业的剩余资本投向新兴产业,为新兴产业的发展"助力",引领了技术与产业变革,促进了产业结构调整。

3. 支持传统行业的优化重组,促进产业链的整合

当前,创投行业中的并购基金开始涌现,并有加快发展的良好势头。在创投基金的支持下,通过并购等方式,横向可以实现同行业的资源整合,以推动传统行业的优化重组;纵向可以促进产业链整合,以做大做强企业。

4. 有效破解中小企业融资难、融资贵的问题

创业投资带动了银行向有创投投资背景的企业发放贷款。具有创投背景的企业,其内部管理、市场前景、盈利能力及发展趋势都经过创投企业详细的尽职调查,风险相对较小。同时,创投入股使其股权的价值和估值比较明朗,银行能够以此为依据进行股权质押贷款。同时,也有利于改善直接融资和间接融资的比例失衡,降低金融风险,提升整个金融系统的稳定性。创投资金投向中小微企业,有利于企业直接融资比例的增加,有利于降低金融风险。

(二)创业投资影响中小企业融资的理论逻辑

创业投资是一种新兴的权益资本模式,在我国虽起步较晚,但发展较快,建立起了对接机制、运行机制、退出机制和风险防范机制等,有效解决了中小企业的融资难题。

1. 对接机制

创业投资与中小企业之间建立起了一个较为融洽的资金对接平台,中小企业需要资金来实现进一步发展,而创业投资也需要优质的项目,由此两者之间构建起了较为平等的融资平台。具体而言,对接机制涉及引进和决策两个环节。第一个是引进创业投资,中小企业破解融资难题,除了内部融资外,也需要借助其他渠道来进行融资。然而中小企业从银行贷款的能力十分有限,创业投资可以进行有益补

充。但不可否认,中小企业与创业投资之间依然存在信息不对称的情况,这就需要构建引入机制来打通创业投资与中小企业之间的通道,为中小企业吸收创业投资并寻求发展奠定坚实基础,同时也为中小企业发展成熟时创业投资通过股权转让全身而退做好铺垫。第二个是创业投资的决策,对于创业投资机构而言,最根本的目的在于获取高额利润。所以,创业投资在筛选投资对象时,会重点考察投资对象的企业收益率、创业者素质、企业发展前景等因素。这些因素会影响企业发展的趋势,从而影响创业投资的收益。一个发展前景较好的企业可以为投资者带来丰厚回报,创业投资会重点关注这类企业。因此,创业投资在确立其投资决策机制时,会充分研究投资对象,并进行筛选与评估。

2. 运行机制

创业投资与中小企业成功对接之后,需要解决的问题是如何利用好创业投资资金来促进中小企业发展,也促使创业投资获利,推动双方之间建立起长期的合作联系。对于创业投资基金而言,本质目标是获得利益,但由于中小企业具有局限性,所以创业投资机构在中小企业运行过程中需要进行适当的指导与考核。一方面,建立较为合理的考核评价机制,对中小企业的发展实行动态监控,充分了解中小企业是不是真的将资金用到实处了。创业投资基金通过委派专家、财务监管等措施,协助创业者管理风险,为增资、出售、上市等关键问题给出指导,不断建立一个强有力的领导核心。另一方面,对于发展态势良好的中小企业,可以考虑追加资金。尤其是处于扩张期的中小企业,更加需要资金投入,首笔创业投资资金对于企业发展所需而言,相差较大;伴随着企业发展成熟,应适时追加投资,提高创业投资收益。对中小企业而言,需要用好创业投资资金,通过市场调研,提高市场利润,以此来优化资金的配置,并进行全盘考虑。只有不断提升企业自身的发展实力,才能够不断获得利润,吸引创业投资进行二次投资。从本质上而言,在创业投资运行机制中,创业投资应当与中小企业围绕同一个目标来展开,这样既有利于企业的发展,也有助于创业投资方获得收益。

3.退出机制

创业投资的重点应当是在中小企业发展的初期,解决好其融资难、融资贵问题。当中小企业发展进入成熟期之后,创业投资应当通过 IPO、股权转让、转售、并购、回购等不同方式进行退出,以此实现创业资本的再投资。创业投资的目标在于资产增值,所以适时退出是创业投资的本质要求。退出一方面实现了创业投资资本的增值,另一方面也为下一轮投资提供了重要保障,从而实现投资—退出—再投资的良性循环。对中小企业而言,退出机制也具有重要作用。在创业投资机构的指导下,中小企业掌握了现代公司的投资策略、管理经验等,能够较好地经营发展。创业投资退出之后,也能够使中小企业获得更多的自主决策空间。倘若创业投资不退出,或者退出渠道不畅,将不利于企业自主发展。

4.风险防范机制

创业投资在中小企业经营决策过程中能够起到较好的动态监督作用,从而规避相应的经营风险。创业投资进入的中小企业往往是初创企业,其市场敏感度、管理体系等不如创业投资机构有经验,在此过程中,往往会出现不必要的决策失误,影响企业发展。所以,创业投资对中小企业的监督能够起到一定的风险防范作用,制止不必要的投资项目,及时止损,一定程度上保障中小企业持续健康地发展。这种风险防范机制将贯穿于创业投资从投入到退出的全过程,一定程度上也贯穿于中小企业孵化成熟的全周期。

三、科创板与中小企业融资

直接融资是优化企业融资结构的重要路径,也是企业募集资金的重要手段。通过股权托管交易、企业联合发行债券等方式,直接融资对中小企业融资起到了三方面的作用:一是有效提升企业的信用水平。通过股权托管、联合发行债券等方式进行直接融资,都需要第三方风险认定机构参与,对企业进行强制性的考核,并出具客观公正的评估意见,使得中小企业能够按照第三方信用评估标准严格执行,有效提升企业的整体信用水平。二是有效降低投资者的风险。中小企业由第三方进行评估,风险将得到很好的控制,从而避免中小企业因为自身财务体系、风险防范体系不足所导致的损失,使得投资者能够较为全面地掌握企业的信用信息。不仅如此,企业发行联合债券是基于多家中小企业"抱团"模式,降低了中小企业和投资者的双重风险。三是为中小企业和投资者提供交易平台。股权托管中心、债券发行机构等为投资者和中小企业搭建了交易平台,打通了资金需求主体和供给主体之间的桥梁,有效对接资金的供给和需求。

2018 年 11 月 5 日,习近平总书记在首届中国国际进口博览会开幕式上宣布设立科创板,是独立于现有主板市场的新设板块,并在该板块内进行注册制试点。科创板承担着"提高资本市场对关键核心技术创新的服务、促进高新技术产业和战略性新兴产业发展、支持上海国际金融中心和科技创新建设"的历史使命,是衔接资本市场与高技术产业的桥梁。通过发行、交易、退市、投资者适当性、证券公司资本约束等新制度以及引入中长期资金等配套措施,增量试点、循序渐进,新增资金与试点进展同步匹配,力争在科创板实现投融资平衡、一二级市场平衡、公司的新老股东利益平衡,并促进现有市场形成良好预期。科创板为中小科技型企业提供了直接融资的新途径,并从三方面发挥着作用。

从宏观层面而言,科创板是对金融资本市场体系的有益补充和完善。通过构建多层次的资本市场体系,能够有效完善金融要素配置效率,增强金融服务实体经济的能力。当前,我国金融资本市场体系包括主板、创业板、新三板、区域性股权交易市场等场内市场和场外市场。但从市场发展趋势来看,主板市场侧重于服务大型企业,而创业板针对的是无法在主板上市的创业型企业,尚未有资本市场体系来专门服务中小科技型企业,导致中小企业直接融资的渠道不通畅。科创板的建立、注册制的试点,都将更好地满足中小科技型企业的融资需求,从而更好地完善我国金融资本市场体系。

从中观层面而言,科创板能够为我国高新技术产业提供金融方面的服务和支持,能够形成较强的创新激励,有效促进高新技术产业发展。科创板是科技金融的实现路径,对我国产业转型升级、快速创新都具有重要作用。中小科技型企业潜力大,但发展需要大量资金,科创板从供给侧角度出发,筛选符合中小科技型企业发展的投资者和投资基金,并对此进行有效匹配,满足中小科技型企业对金融服务的需求,促进我国产业的转型升级。

从微观层面而言,科创板能够调整资本市场中现有企业的结构,以市场机制为导向优胜劣汰,从而选择出优质的、有前景的、高成长性的新兴上市企业,以此来优化资本市场上的企业结构。同时,试点注册制也是完善准入退出机制的重要方面,当前直接融资市场上,还存在一堆没有实际业务但死而不僵的企业,一定程度上影响着金融市场健康持续发展。科创板放松了企业上市条件,鼓励高质量、高成长、有前景的科技型新兴企业上市,使得资本市场上优质企业的比例上升。在此过程中,也需要对企业进行实时监控,及时清退劣质的中小企业。

科创板为我国中小科技型企业发展提供了一个公平竞争、创新激励的市场环境,使得企业能够优胜劣汰,这对于完善企业结构、加速资源要素更为合理的配置具有重要意义,是加快推进金融供给侧结构性改革、推进经济高质量发展的重要举措。

第三节　监管制度创新的机理分析

金融监管包括金融监管机构及监管法规等对金融机构做出的相应规范化发展要求,金融监管制度的改革与创新能够更好地释放制度红利,金融机构改革能够更好地完善组织制度,金融法制改革等能够更好地完善交易制度,促进金融机构更好地为中小企业提供融资服务。

一、机构改革与中小企业融资

机构改革一直是我国金融监管改革的重要内容。2013 年 8 月 15 日,国务院批准同意建立由人民银行牵头的金融监管协调部际联席会议制度,成员单位包括当时的银监会、证监会、保监会、外汇局,必要时可邀请发展改革委、财政部等有关部门。随着金融领域结构性改革的深化,目前已经形成由人民银行、银保监会、证监会构成的"一行两会"监管体系,为中小企业融资提供了良好的环境。

(一)监管主体更加明确,有利于为中小企业融资营造更好的环境

当前,"一行两会"的监管体系更加适应新形势下金融业发展的需求,也为金融环境的稳定做出了贡献。但从现阶段的发展形势来看,监管主体还需要进一步明确,才能够营造出更好的监管环境。主要在

于:监管主体之间的合作如何推进,使得监管主体之间的业务更加交叉,也能够更好地监管中小企业融资,营造良好的氛围;金融机构之间的业务边界不断模糊,使得中小企业融资的选择性更大,从而提高金融监管主体边界明确的难度。同时,地方上需要增加"一行两会"的分支机构,譬如证监会在地方上的分支机构不多,但是人民银行又无法代替证监会进行监管,从而使得监管留白,不利于中小企业直接融资。

(二)监管内容和范围更加合理化,有利于中小企业采用不同方式融资

当前的金融监管格局对每项金融业务的监管较为明确,有利于规范中小企业的融资。一是金融监管机构的监管内容不断合理,不再局限于对金融机构日常经营的合规性监管,更重要的是从金融业务的内容出发来进行监管,使得监管内容更加合理,监管成本有所降低。二是随着科创板的不断推进,退出机制也更加健全,有利于中小企业融资。三是更加重视过程监管,能够更有效地让中小企业参与直接融资市场。不仅如此,在监管范围上,国有银行、商业银行、网络银行的监管也在不断推进,使得监管真正实现全方位。尤其是 P2P 暴雷风波之后,对互联网金融的监管有所加强,有利于中小企业融资环境的不断优化。

(三)监管手段更加多元化、综合化,使得中小企业融资更加便利

自我管理机制充分体现,并有所提升。内部监管通过金融机构合理的法人治理结构和健全完善的内控体系来完成,要求被监管机构自我约束,自我遵守。随着信用体系的不断健全,自我监管的力度也越来越大,有利于中小企业的融资。随着自我监管的不断推进,行业的自律监管也相应提升,行业自律是指同一行业的从业者,基于共同利

益,制定规则,自我约束,实行本行业内部的自我监管,以保护自身利益并促进本行业的发展。相较于自我管理,行业自律更具整体性、全局性,是对政府监管的有益补充。会计师事务所、审计师事务所等社会监督机构对金融业的检查力度也不断加大,形成一种真正意义上的监管制度,是对政府审计受人员限制,不能随时、随地监督,金融机构的内部审计独立性的有益补充。

二、法律改革与中小企业融资

法律是监管制度中的重要组成部分,法律制度的完善和改革,对中小企业融资最直接的影响是提供了稳定良好的融资环境,有助于中小企业高质量发展。综观我国金融法律,不论是全国层面还是地方层面,都出台了诸多金融监管法律,一定程度上完善了我国企业的融资环境。从中小企业融资现状来看,主要还是依靠商业银行的贷款,而且呈现出贷款周期普遍较短、数额较小等特征,主要是为了解决临时性流动资金需求。早在 2000 年 8 月,我国在制定和完善金融法律时就明确了帮助和扶持中小企业发展的主张,并出台和实施了一系列促进中小企业融资的政策性法律文件及相关财政配套支持,旨在解决中小企业融资困境,为中小企业融资提供明确、规范的引导和帮助。

在此之后,金融法律改革不断推进,法律体系不断完善,有效保护了中小企业的产权,并且为中小企业融资提供了相应的保障。2002年,《中华人民共和国中小企业促进法》通过实施,第一部中小企业专门性法律付诸实践,是优化中小企业生存环境的重要节点。《中小企业促进法》专门对中小企业融资问题纾解做了相应的规定,包括中国人民银行应当加强信贷政策指导,改善中小企业融资环境;各金融机构(包括商业银行、信用社和政策性金融机构等)应当对中小企业提供金融支持,努力改进金融服务,转变服务作风,增强服务意识,提高服务质量；国家推进中小企业信用制度建设，建立信用信息征集与评价体系，实现中小企业信用信息查询、交流和共享的社会化；县级以上人民政府和有关部门应当推进和组织建立中小企业信用担保体系，推动对中小企业的信用担保，为中小企业融资创造条件；国家鼓励各种担保机构为中小企业提供信用担保；国家鼓励中小企业依法开展多种形式的互助性融资担保。

《中小企业促进法》更多地从总体上保障中小企业发展，但中小企业融资主要是向商业银行贷款，所以到 2005 年，当时的银监会发布并且实施了《银行开展小企业贷款业务指导意见》，2007 年又发布并实施了《银行开展小企业授信工作指导意见》，从各个方面为中小企业融资提供了相关的法规依据。尤其是鼓励银行对中小企业市场进行细分，创新金融产品，从而制定出差异化的产品策略、融资方案等，为不同需求的中小企业提供贷款产品和金融服务。其后，中国人民银行会同银保监会、证监会等职能部门相继出台了《关于进一步做好中小企业金融服务的意见》《关于支持商业银行进一步改进小企业金融服务的通知》《关于支持商业银行进一步改进小型微型企业金融服务的补充通知》等法律规范，进一步破题中小企业融资难、融资贵的问题。

这些法律制度的完善，将中小企业融资困境纾解提到了新的高度。一方面，从优化融资环境的角度对各银行的金融产品做了制度性的安排，使得中小企业能够获取的金融产品更加丰富，提出各银行业金融机构小企业的信贷投放增速高于全部贷款增速，增量高于上年同期的总体要求。另一方面，从商业银行的角度出发，放宽对商业银行的考核要求，以此来降低中小企业的融资门槛。譬如，在适当放宽机构准入、允许发行专项金融债、对 500 万元（含）以下的中小企业贷款的资本耗用和存贷比实行差异化考核、适当放宽不良贷款率容忍度、规范中小企业贷款服务收费问题等。

三、金融监管的困境

面对国内外发展的新形势和新趋势,我国金融监管还需要进一步加强,使之能够与日益变化的形势相适应。现行的监管体系自运行以来不断加强,监管水平不断提高,但还存在以下问题需要进一步克服。

第一,以"一行两会"为基本架构的金融监管体系的协调性需要进一步加强。尽管国务院金融稳定发展管理委员会已经建立,并且形成了由人民银行、证监会、银保监会三方组成的监管体系,以此来确保监管机构之间的协调,稳定金融发展环境,但要形成一个运转良好的协调机制还有许多工作要做。当前三大金融监管机构之间协调不够,难以保证信息共享,严重影响监管效率的提高。

第二,现行的金融监管体系缺乏统一的监管标准,导致重复监管、分工不明的问题仍旧存在。从国内金融市场运行情况来看,银保监会、证监会等是主要的金融行业监管部门,监管着银行、保险、股票等众多金融主体。与此同时,我国还有一些监管部门,譬如监管国债市场的是财政部,管理企业债券的是国家发改委,国家外汇管理局等其他政府部门监督管理外汇和 B 股交易,如何在这些机构之间进行有效统一还需要不断推进,尤其是在标准内容上。

第三,监管边界有待完善,监管内容存在一些漏洞。各金融机构的业务越来越多元化,使得金融结构之间存在着交叉渗透和相互融合的趋势,但当前监管边界划分清楚,混业经营与分业监管的协调问题日趋突出,导致分业监管机构已不能完全覆盖一些新型的金融机构,尤其是互联网金融机构,可能促使其将某一特别的服务项目或产品置于监管成本最小或监管最宽松的领域,产生"监管套利"行为,甚至游离于法律和监管之外,P2P 暴雷很大程度上是由于监管边界不明确、监管不到位造成的。不仅如此,分业监管导致金融业务交叉融合的可能性有所降低,同时也削减了金融创新的可能性。

第四,金融监管的法律法规和规章制度还需进一步健全,真正构成有利于中小企业融资困境纾解的政策扶持体系。当前的金融监管法律体系是按照主体或者业务功能来划分的,更多地涉及某个领域或者某个层面,缺少从整体层面来进行谋划的法律体系。不仅如此,随着互联网技术的快速发展、互联网金融的蓬勃发展,传统的以有形金融为调整对象而建立起来的金融法律法规受到严峻挑战,关于互联网金融的专门立法有待进一步加强。不仅如此,关于金融监管的评价体系也需要建立,以改变当前缺少金融风险监控指标体系的局面。现行的金融监管体制中,已对各专业、各业务的监管部门分别制定了一些监管指标,但没有从整体角度来制定系统性的风险监管指标体系和预警指标体系,更没有针对区域金融风险监督的综合指标体系,使金融监管的整体功能没有得到充分的发挥。

第二篇　实践篇

第四章　金融制度创新纾解中小企业融资困境的实践

第一节　组织制度创新的银行实践

银行贷款是解决中小企业融资困境的主要力量,随着我国经济的快速发展,我国银行业也取得了长足发展,不同地区各大银行无论从资产规模还是风险管控上都反映出这一事实。受经济下行、利率市场化推进和银行收费整顿等因素的影响,银行业的盈利增速已出现拐点。2012 年,商业银行实现净利润总计 1.24 万亿元,同比增长18.9%,较 2010 年、2011 年 36% 左右的增幅大幅回落。2013 年,上市银行一季度季报显示,17 家银行净利润增幅较上年增长 12.7%,低于上年同期增速 7 个百分点,其中利息净收入增速降至 10% 以下,是利润增速放缓的最大原因。① 与此同时,中小企业融资问题不断受到政府、金融部门关注,各大中型银行也逐渐把目光投向中小企业融资,不断创新各类金融产品,满足中小企业融资需求。下面以笔者在浙江各

---

① 根据中国银监会发布的数据整理所得,http://finance.people.com.cn/money/n/2013/0301/c218900-20647281.html。

地的实践调研为例,展开具体分析。

一、服务创新与中小企业融资困境纾解

中小企业往往是民营企业,改革开放以来民营企业已经成为我国经济社会发展的主力军。2019 年 9 月 20 日,工业和信息化部在国新办新闻发布会上指出,民营企业贡献了 50％以上的税收,60％以上的国内生产总值,70％以上的技术创新成果,80％以上的城镇劳动就业岗位,90％以上的企业数量。不容忽视的是,企业规模小、抗风险能力弱、缺乏抵押品等因素,制约着民营企业融资。基于这种现实,地方银行纷纷出台各类措施来纾解中小企业融资困境。笔者调研了浙江省金华市,认为金华市银行业服务民营中小企业的做法值得借鉴。

金华政府主动对接、积极作为,引导银行业金融机构创新中小企业的贷款产品和还款方式,以此来构建中小企业融资服务的长效机制。一方面,有效缓解了中小企业融资难、融资贵的困境;另一方面,能够使企业家集中精力办企业,促使实体经济和银行业形成互促共进的良好生态。

(一)创新还款方式

通过模式创新来无缝对接企业还款,以此缓解企业还款时的资金压力。一是不还本续贷,即贷款展期,通过直接续贷省去了还贷再申请的审批时间,也减少了中小企业为归还贷款而产生的额外资金成本。二是额度循环法,企业通过不同担保方式来获得银行贷款的额度,在不超过可用额度和额度有效期的情况下,中小企业可以向银行多次申请并且循环使用。三是年审制贷款,中小企业在贷款到期前能够通过银行的年审,便无须归还原贷款、签订新的借贷合同,可以自动延长贷款期限。四是合作贷款,银行与其他金融机构合作,在企业贷

款到期时为企业提供新的授信,供企业周转资金而用。

(二)创新贷款产品

通过创新贷款产品,来便利中小企业融资,并助推中小企业融资成本的降低。一是信用贷。金华银行业充分抓住中小企业融资中担保难、抵押品少的痛点,着力提高中小企业信用贷款的比例,尤其是针对初创型企业,着力探索商标权、专利权等的质押贷款。二是订单贷,通过可靠的订单,给企业进行贷款,降低中小企业因为抵押品不足导致贷款难的问题。

(三)完善服务机制

2018 年 9 月,金华银监分局等部门制定了《金华银行业普惠金融提升三年行动方案》,以此来构建服务中小企业融资的长效机制。具体包括推动金融机构通过优化小微金融服务组织体系,提升大数据应用能力,增强产业链条式服务等措施,切实提升普惠金融服务质量。

中小企业融资难、融资贵的问题,本质上还是经济问题。良好的经济运行现状和高水平的信用建设情况,是破解中小企业融资难题的关键所在。从金华银行业支持纾解中小企业融资困境的实践来看,有以下三点启示。一是鼓励银行进行产品开发。针对中小企业融资的特点,在产品、机制、流程、业务等不同层面进行创新,使得银行服务能够更加贴近市场和企业,助力中小企业融资。二是充分引入竞争机制。政府通过综合施策、优化环境,在银行业中引入竞争机制,提升中小企业金融服务的质量,拓宽中小企业融资的深度与广度。三是完善政策体系。政府层面,要出台针对银行机构的负面清单制度;要建立完善的企业信息体系,通过互联网技术,使得信息能够有效流动。银行层面,最为重要的是深化改革、加强创新,深入基层、扎根企业,推动中小企业融资困境的纾解。

二、产品创新与企业融资困境纾解

小微企业融资难的问题由来已久,政府、金融机构也不断出台相应措施,积极解决小微企业融资困境。随着金融市场化改革的不断深入,台州地区的泰隆银行、民泰银行等一批小微金融机构以小微企业为服务对象,创新服务模式,推出融资产品,积极纾解小微企业融资困境,将自身打造成小微企业的"成长伙伴"。浙江泰隆商业银行董事长王钧认为在大数据时代,金融机构要更加精确地了解小微企业的需求,制定适合小微企业的金融产品,满足其差异化需求。台州银行前行长黄军民介绍了台州银行在 2012 年提出的变革转型与二次创业,并表示台州银行正积极实施建设"社区银行",将自身打造成小微客户的"成长伙伴"。

(一)台州泰隆银行的金融创新

台州泰隆商业银行成立于 1993 年,是一家专注于小微金融服务的城市商业银行。泰隆银行专注小微、践行普惠,着力解决融资难、融资贵,走出了一条差异化发展道路。截至 2018 年末,泰隆银行资产总额 1653.17 亿元,各项贷款 1061.48 亿元,负债总额 1523.40 亿元,各项存款 1087.89 亿元,不良贷款率 1.18%。具体而言,泰隆银行的服务特色包括以下四点:

1. 坚持广义的"三品三表"和"两有一无"

对于中小企业客户,泰隆银行主要考察"人品、产品和物品",具体包括企业主人品信不信得过,产品卖不卖得出,物品靠不靠得住。同时,核实"水表、电表、海关报表",从而锁定真实信息和实际需求。对于普惠客户,泰隆银行进一步创新审批程序,认定"只要有劳动意愿和劳动能力,且没有不良嗜好,就有机会从我行获得贷款"。

2. 深化社区化

社区化是一种成熟的商业模式,是指按一定半径辐射范围规划出支行的"根据地",每个客户经理都会分配到自己的"责任田",客户经理所展开的业务必须围绕在社区里面,从而进行精准的定位和服务。通过社区化经营模式创新,能够有效解决信息不对称的问题,降低银行信息搜集的作业成本,减少审批环节,提高服务效率。截至 2018 年末,全行共有 1.43 万个子社区,辖内乡镇、街道总覆盖率达到 84%,90% 以上的新增贷款来源于子社区。

3. 创新符合小微融资需求的信贷产品

中小企业贷款融资往往存在着"短、小、频、急"的特点,泰隆银行以"融 e 贷"产品为基础,不断推出适合中小企业融资的创新产品,包括长期授信、定期年审、分段计息、随用随借、随借随还、循环使用等功能。其优势在于用几天算几天利息,让客户针对自身的生产周期、资金需求和成本效益进行合理的融资安排,提高了客户体验,降低了融资成本。

4. 着力降低融资成本

在深化金融改革的大背景下,不断探索市场化的利率定价机制,提高贷款的市场化水平。创新性地设立了 60 多个利率档次,做到"一户一价、一笔一价、一期一价"。不仅如此,泰隆银行对照监管要求,推动中小企业贷款利率逐年降低,着力做好中小企业的融资工作。2018年,新发放中小企业贷款利率逐季走低,四季度较一季度下降0.16%。同时,优化续贷业务办理流程。为减轻客户还贷周转压力,泰隆银行推出"预审批"等新型无缝续贷产品,在不改变风控要求的前提下,在贷款到期前为客户办理续贷手续,客户还款后实现"T＋0"续贷,真正实现"关口前移、无缝续贷",从源头上避免倒贷过桥费用。截至 2018 年末,预审批"T＋0"续贷 6672 笔,共计 23.74 亿元。

(二)台州银行的金融创新

台州银行始终坚持中小企业目标市场定位。截至 2013 年 7 月末,台州银行有余额贷款户近 10 万户,户均贷款额度 50.99 万元,中小企业贷款占比 87.97％,500 万元以下的贷款户数占 99.16％。这是台州银行坚持服务中小企业市场定位的最佳注脚。台州银行的特色服务可概括为以下三方面。

1. 打造金融服务"便利店"

坚持"社区银行"模式,与客户做朋友。台州银行"社区营销"模式战略清晰、做法成熟,各营业机构社区化营销创新措施不断,如送金融知识下村居、社区慈善义工、赞助社区便民小推车、援建节庆日社区活动等,通过与客户做朋友的方式增加客户黏性。

2. 创新中小企业金融服务产品,满足细分需求

台州银行创新推出的"小本贷款",主要服务于低收入群众和初始创业者,贷款余额 54.05 亿元,从 2006 年推出以来,已累计发放 270.47 亿元,支持了近 20 万创业者实现劳动致富的梦想,直接间接创造了 80 多万个就业岗位;自助贷款、信用贷款则让优质客户体验到"贷款像存款一样方便";"绿色节能贷款"主要服务于中小企业转型升级;"台行银座扶贫创业基金"免息、免抵押、免担保、免任何费用,主要应用于贫困人群的创业活动。

3. 提供"简单、方便、快捷"的专业服务

"简单"即中小企业只要提交身份证和营业执照,其他手续都由台

州银行客户经理和内部流程办理;"方便"即营业网点 365 天,早上 7 点半到晚上 7 点半,天天营业;"快捷"即客户经理对客户了如指掌,老客户贷款立等可取,新客户贷款两天到账。

4. 减费让利,切实扶持中小企业发展

2012 年 3 月起,台州银行为与中小企业客户共渡经济下行难关,减费让利,积极履行社会责任。台州银行向社会公开承诺"服务不收费,服务更到位",自发主动推出了 42 项减费让利措施,得到了社会各界的好评,新华社等媒体也对此进行了报道。2012 年,为广大中小企业、"三农"客户、市民节约各项费用 2600 余万元。

(三)宁波鄞州银行的金融创新

宁波鄞州农村合作银行(以下简称鄞州银行)是全国首家农村合作银行,以"服务区域、服务中小、服务'三农'"为定位,不断创新金融产品、完善特色服务,建立了小企业贷款"六项机制",形成了比较完善的小企业贷款运营、管理的新模式。"六项机制"主要包括:建立适应小企业贷款特点的利率风险定价机制;建立相对独立的小企业贷款核算机制;建立相对高效的小企业贷款审批机制;建立、完善与小企业贷款相配套的激励机制;建立系统的客户经理培训机制;建立中小企业贷款违约信息通报机制。在此基础上,鄞州银行围绕服务中小企业发展,支持农业产业化和农村城镇化,不断推出金融服务产品、创新服务方式,使其服务特色更特,经营亮点更亮。鄞州银行服务创新主要体现在以下三方面:一是开发一系列特色贷款产品,缓解中小企业贷款难问题。根据中小企业的融资特点,鄞州银行相继推出了设备通、厂商通、"阿拉易贷"、蜜蜂卡个人信用循环贷款、存贷抵押贷款、个体经营互联互担保贷款、小企业联保贷款等一系列贷款新品种。二是推动社会信用体系建设,改善金融服务环境。鄞州银行建立了客观的农村信用等级评定机制和村级信用联络制度,健全了农村农民融资需求信息手机体系,完善了农村信贷担保体系。第三,输出管理模式,助力中西部发展,在中西部地区设立支行等分支金融机构,将优质金融产品、先进管理经验等带到中西部地区,从而助力中西部地区发展。

宁波鄞州银行不断创新金融产品、完善特色服务,在很大程度上缓解了中小企业融资困境。

1. 产品有针对性

专门针对中小企业创新的金融产品具有很强的针对性,能够有效解决其融资难问题。由于中小企业在资金需求上存在贷款周期短、资金需求急、贷款金额小、需求频繁、不确定性高的特点,使得银行对中小企业的贷款是"零售"模式,而银行更喜欢"批发"模式,因而银行与中小企业之间存在较大的需求错位矛盾。而专门针对中小企业的金融产品创新,充分考虑了中小企业的融资特点,很大程度上缓解了银行与中小企业的需求错位矛盾,能够有效地纾解中小企业的融资困境。

2. 服务方式多样

服务方式的创新为中小企业融资提供了多种可能性,并且有利于银行自身的发展。一方面,银行的服务创新能够有效地推动社会信用体系建设,改善金融服务的环境,从而有利于中小企业的发展。另一方面,我国银行业仍以大客户为主,大客户贷款的集中度偏高,银行业务大大脱离了中小企业,经营发展严重失调,迫切需要加以调整,创新金融服务方式、发展中小企业金融业务对银行自身的发展有着重要的战略意义。

3. 模式可推广性强

金融业务创新的成功模式有利于推广到多个地区,从而促进全国经济的协调发展。鄞州银行在金融产品和服务上的创新取得了较大的成功,从而形成了比较完善的小企业运营和管理的新模式。这一成功模式不仅有利于宁波市中小企业融资困境的纾解,对企业的发展起到了巨大的推动作用,而且有利于将其管理经验推广到其他地区,以实现信息和资源的共享以及优势互补,从而推动各地中小企业的发展。

第二节　交易制度创新的模式实践

一、区域股权交易平台创新

股权交易的场外交易市场近几年发展非常迅速,以浙江股权交易中心等为代表的地方性场外交易平台在企业融资创新方面取得了很大的进展。笔者走访调研了浙江股权交易中心,发现股权交易中心丰富了交易途径,提高了中小企业融资的概率,有利于中小企业融资困境的纾解。浙江股权交易中心是浙江省人民政府批准建立的唯一一个省级股权交易平台,是我国多层次资本市场体系的主要组成部分。科创板建立、注册制试点等一系列举措丰富了中小企业融资的交易制度,有利于丰富多元化的投融资市场机制体系,为中小企业融资困境的纾解提供了条件,而地方性股权交易中心的建立从地方政府层面创新了交易制度,以此来为中小企业融资困境提供新的渠道。2012年,浙江股权交易中心成立后,便与各地方政府开展了深度合作,旨在破解浙江省创新发展的难题。成立以来,浙江省股权交易中心在全省范围内举办了百余场项目推介会,促成 400 多家中小微企业与中介机构对接,推动一大批企业股份制改造并挂牌,中小企业的融资治理结构更加完善。目前,浙江股权交易中心已经逐步形成了"意向储备一批、改制辅导一批、进场挂牌一批、培育上市一批"的梯队递进机制。仅在成立的第一年,浙江股权交易中心便与省内 34 个县(市、区)建立了战略合作关系,并推动 35 个县(市、区)出台了支持企业股改、挂牌的政策。同时,浙江股权交易中心与省科技厅、省经信委、省农业厅、省建设厅等建立起了实质性的工作联系,以此来共同推动企业规范治理,从而极大地推进了全省各地企业的股份制改造以及挂牌上市工作。

从整个发展进程来看,浙江股权交易中心在金融创新服务中小企业方面做了大量实质性工作,创造了多个全国第一:第一,浙江股权交易中心是国内第一个推出私募债券的区域股权交易市场,为国内同类股权交易中心提供了借鉴经验,对国内其他区域股权交易市场推出这一产品起到了引领作用;第二,浙江股权交易中心是国内第一个推出小额贷款公司定向债的区域股权交易市场,进一步完善了中小企业融资服务,为推动服务小微企业开辟了一条新的渠道;第三,浙江股权交易中心是国内第一个推出挂牌企业优先股融资的区域股权交易市场,开辟了中国资本市场优先股融资的先河,助推直接融资市场的完善;第四,浙江股权交易中心是国内第一个推出挂牌企业自行募集债券机制,由中心会员担任财务顾问协助销售的区域资本市场,对降低企业融资成本、培育服务中小企业的金融机构或类金融机构起到了积极的作用(见图 4.1)。

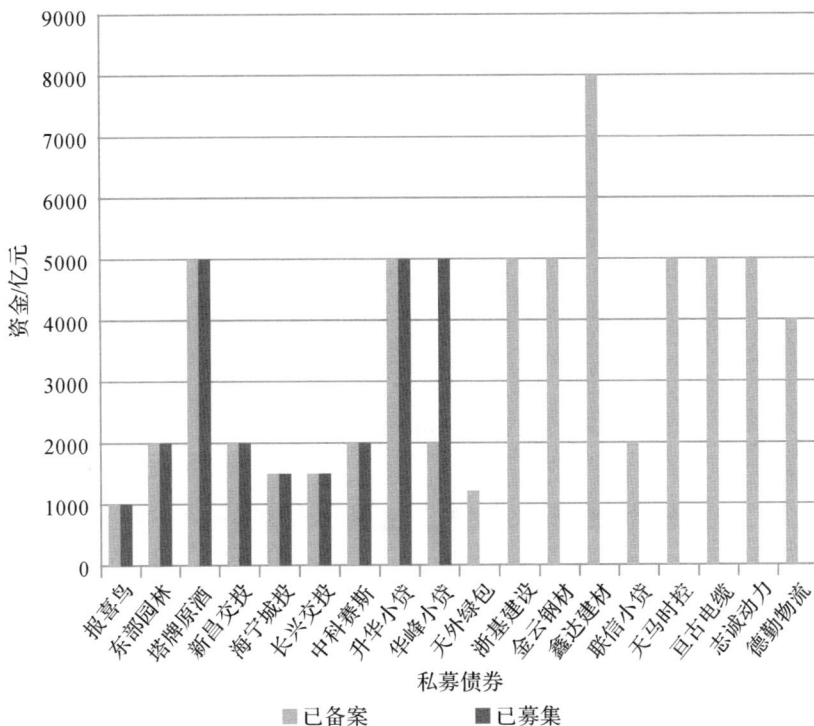

图 4.1　浙江股权交易中心私募债券的募集情况

　　浙江省股权交易中心的成立以及良好运行对中小企业融资困境的纾解具有以下三点启示：第一，政府推动对股权交易中心成立以及运作具有重要作用，政策支持是股权交易中心快速发展的重要保障。对于中小企业融资困境的纾解，政府所要做的不仅是从资金上保障中小企业融资需求，更重要的是能够为中小企业提供更多的融资渠道。与此同时，股权交易中心的成立也是对中小企业直接融资渠道的有益补充。现行的直接融资体系门槛过高，中小企业很难达到具体要求，难以进入股票市场及债券市场。而股权交易中心的成立，降低了中小企业直接融资门槛，丰富了中小企业融资的渠道。第二，股权交易中心的作用可以更加多元化，其不仅是直接融资的重要补充，也是间接融资的可行路径。中小企业应该充分直接融资与间接融资并重,间接融资应当更加关注非金融机构尤其是中小金融机构对浙江中小企业的融资需求。而直接融资需要充分发挥好资源优势,以股权交易中心为平台,更多地联系小额贷款公司、债券平台及股权交易平台等。第三,应当加大人才引进的力度来纾解中小企业融资困境,尤其是高层次的金融人才。浙江股权交易平台不仅仅是提供了中小企业融资平台,也注重人才培养,推出由中心会员担任财务顾问协助销售的区域资本市场,以此降低中小企业的融资风险以及融资成本,同时也为培养专业化的中小企业融资人才做出贡献。

二、互联网服务中小企业融资平台创新

随着信息技术的发展,当今社会逐步迈入大数据时代,互联网金融日益兴起。譬如,电子银行覆盖率不断增加。2014 年的《中国商业银行互联网化研究报告》显示,2009 年,电子银行交易笔数为 342.5 亿笔,电子银行替代率为 49%,并且预测至 2017 年,电子银行交易笔数将增至 1947.5 亿笔,电子银行替代率将升至 84.5%(见图 4.2)。但事实上,2017 年,我国电子银行替代率已经超过 90%,互联网金融发展速度远远超过了预想。[1]

---

① 数据来源:2019 中国数字金融峰会。

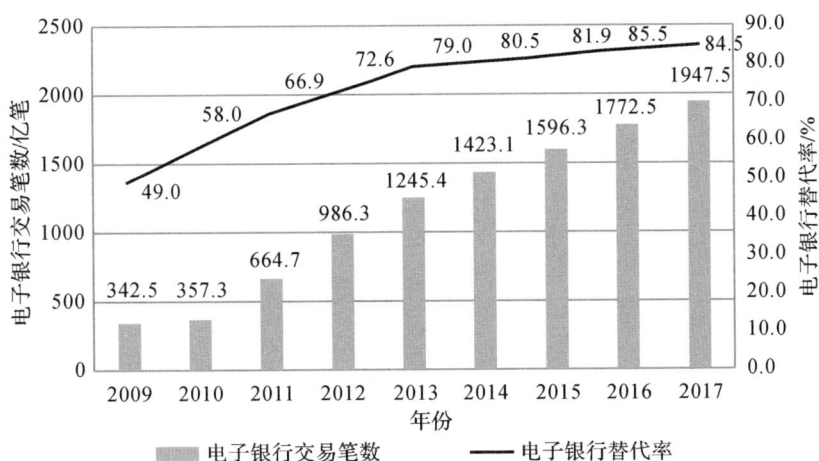

图 4.2　2009—2017 年电子银行交易笔数及替代率

资料来源：《中国商业银行互联网化研究报告》。

第三方支付交易规模也呈快速增长态势。2013 年以来，第三方支付机构支付笔数和金额快速增长。2014 年，第三方支付机构支付笔数和金额同比增长 144.4％和 168.5％。到 2017 年，第三方支付机构发生支付业务 2867.47 亿笔，金额 143.26 万亿元，同比分别增长 74.9％和 44.3％（见图 4.3）。2018 年 7 月初，中国人民银行网站发布了第 6 批 25 家非银行支付机构"支付业务许可证"的续展结果，到 2018 年 7 月末，在运营的第三方支付机构共有 238 家。

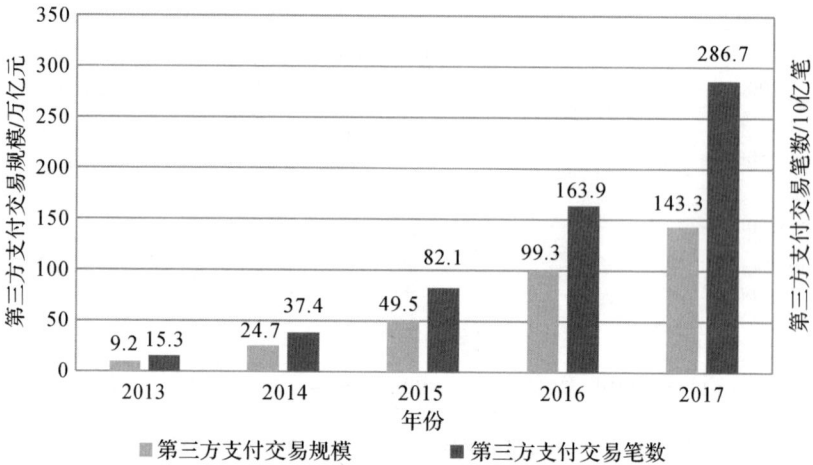

图 4.3　2013—2017 年中国第三方支付交易情况

资料来源:《变革与契机:互联网金融五周年发展报告》。

就互联网金融发展而言,我们认为其已经历了两大阶段,并迎来新的发展机遇(见图 4.4)

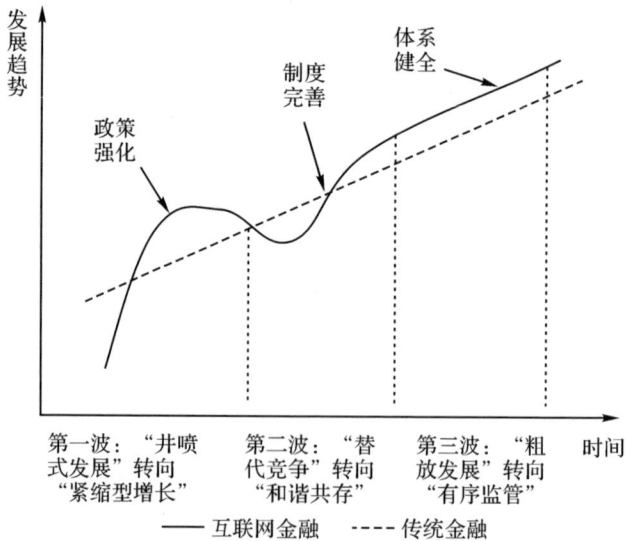

图 4.4　互联网金融发展趋势

第一，从"井喷式发展"到"紧缩型增长"。互联网金融发展初期，各大互联网公司以及传统金融机构纷纷开展互联网业务，推动了传统金融变革，互联网金融呈现井喷式发展态势。随着市场不断饱和、竞争不断加剧，互联网金融发展一定程度上受到抑制，呈现紧缩型增长态势。

第二，从"替代竞争"转向"和谐共存"。不可否认，互联网金融的产生势必对传统金融造成挑战，迫使传统金融不断加强线上业务，所以早期互联网金融与传统金融之间存在着较为明显的替代竞争关系。但随着制度的不断完善，两者经历了长时间的竞争后开始转向共同依存，使得金融业态多元化、金融业务多样化。

第三，在经历两大转变之后，未来互联网金融发展应当从"粗放发展"转向"有序监管"。经历一定时期的粗放型增长之后，互联网金融的监管势必更加完善，通过强有力的准入退出机制，互联网金融将更为有序，监管政策将更为完善，职能部门之间的监管将更加井然有序，以营造良好的互联网金融发展环境。

第三节　监管制度创新的地方实践

征信难是中小企业普遍存在的问题，而征信难也导致了中小企业向银行贷款存在诸多限制性因素。即使能够贷到款，也需要支付更多的贷款成本。为了纾解中小企业融资困境，支持中小企业健康持续发展，各地方积极推进金融改革，加快推出中小企业融资制度创新，便利中小企业融资，最具代表性的有传统的温州金融改革以及面向未来的上海自贸区金融改革。总体而言，温州金融改革的重点任务是"整顿、治理和规范民间借贷，引导民间资本合理有序地投资"；上海自贸区金融改革则倾向于"人民币国际化和资本项下的改革"。

一、温州市金融改革

2012 年 3 月 28 日,国务院第 197 次常务会议决定设立温州市金融综合改革试验区,并通过《浙江省温州市金融综合改革试验区总体方案》,温州市金融改革正式拉开序幕。

(一)金融改革创新方向

2012 年 11 月 23 日,浙江省人民政府制定了温州市金融综合改革实施 12 条细则(以下简称"金改 12 条"),以此来推进温州市金融改革。该细则从不同角度指出温州市金融综合改革的路径,目标是从根本上改变现有的中小企业融资格局,降低中小企业融资成本,提高中小企业融资效率。具体而言,包括以下四方面内容。

1. 完善融资信用环境,加快对中小企业融资的障碍解除

在民间融资方面,积极开展民间借贷服务中心试点工作,引进中介机构入驻,提供民间借贷登记、合约公证、资产评估登记等服务,引导民间融资阳光化、规范化发展。同时,由于民间资本的盲目性、趋利性,民间资本风险较大。所以,要建立健全民间融资监测体系,形成民间融资综合利率指数(也称"温州指数"),做好民间融资动态跟踪和风险预警。加强社会信用体系建设,解决中小企业征信不健全的问题。制定加强社会信用体系建设的意见,积极推动金融、行政、社会、市场、会计等领域信用数据的征集、交换和应用。大力推进政务诚信、商务诚信、社会诚信和司法公信建设,建立健全覆盖全社会的征信体系,加大对失信行为的惩戒力度。完善信用服务市场,规范发展信用评级机构。

2. 鼓励民间资本进入银行与非银行金融机构

温州是民营经济的发源地之一,民间资本充足,调动民间资本的

活性来纾解中小企业融资困境,具有重要的意义。在加快发展新型金融组织方面,支持民间资金参与地方金融机构改革,鼓励民间资金根据有关规定发起设立或参股村镇银行、贷款公司、农村资金互助社等新型金融组织。鼓励发展商业保理机构,稳妥发展民营第三方支付机构,以此来支持民营融资性担保公司发展。大力发展专业资产管理机构。积极鼓励依法合规设立创业投资、股权投资企业,大力培育专业资产管理和投资管理机构;设立创业投资引导基金,组建若干产业投资基金。制定优惠政策,吸引国内外资产管理机构落户温州。推动专业化民间小额资金管理机构发展,积极开展民间资本管理公司试点。深化地方金融机构改革发展。推动设立各类小企业信贷专营机构,鼓励银行业金融机构设立法人小企业信贷专营机构。争取在温州设立财务公司、金融租赁公司、信托公司、消费金融公司等非银行金融机构。

3. 鼓励民间资本开展境外直接投资

人民币国际化是我国深化国际金融体制改革的重要内容,在国务院统一部署领导下,我国不断探索以人民币开展个人境外直接投资的路径与方式。在此进程中,建立起政府主导、市场运作的个人境外直接投资服务体系和规范便捷、有序可控的个人境外直接投资监管体系,制定温州市个人境外直接投资管理办法及实施细则,健全境外纠纷与突发事件处置应急机制,加强信息与咨询服务,落实各项便利举措,推动个人境外直接投资稳步发展,使得金融改革能够与政府和市场更好地紧密结合起来。同时,鼓励对外投资主体多元化,带动民间资本在更广泛领域内参与国际竞争与合作,促进开放型经济转型升级。

4. 创新针对中小企业金融产品与服务的相关内容

探索建立地方金融组织风险准备金,进一步发挥银行、证券、保险等金融机构在小微企业融资方面的主要作用。积极发展科技贷款、小额担保贷款、经营权质押贷款、股权质押贷款、知识产权质押贷款。支持银行与保险机构加强合作,开展小额贷款保证保险和信用保险,探索商业保险参与小微企业融资再担保机制。积极发展各类债券产品。积极发展各种类型和各种信用等级的债券产品。积极争取地方政府自行发债试点,扩大企业债、公司债、金融债、短期融资券、中期票据、中小企业集合票据(债券)、资产支持票据等各类债券产品的发行规模,争取年度发债 80 亿元以上。积极争取高收益票据等创新产品在温州先行先试。建立健全小微企业再担保体系和再担保机构的风险控制机制,提供增信服务。

(二)金融改革主要障碍

温州金融改革取得了一定成效,有助于探索中小企业融资的新路径,也为我国深化金融改革提供了先行探索。不可否认,温州金融改革还是存在诸多障碍,需要进一步突破和完善。

1. 政府的监管机制约束仍旧存在

由于民间金融存在较大的系统性风险,放任自由将会对经济产生不利影响。所以,中央层面和省级层面还是按照法律法规要求来规范温州金融改革,一定程度上限制了温州金融改革的步伐,使其无法突破现行的框架来进行更大力度的改革。

2. 金融制度创新的举措可操作性有待加强

金融改革的核心在于民营银行设立、互联网金融完善、利率市场化改革以及个人资本海外直接投资等,但这些问题的解决尚未取得实质性的进展。温州金融改革更多的还是在现行框架下做了一定的探索,但是缺乏对民间资本、海外投资等市场化机制的讨论,所以从整体上来看,温州金融改革并没有跳出金融体制框架。

3.重要的金融改革内容与部分法规相冲突

以金改 12 条中备受外界关注的民间资本设立银行、小贷公司转村镇银行为例,受银监部门现有法律法规的约束,监管机构强调村镇银行主发起人必须为银行的立场没有变化。

二、上海自贸区金融改革

2013 年 9 月,国务院印发《中国(上海)自由贸易试验区临港新片区总体方案》,上海自贸区的设立是新时期我国对外开放的重要内容,是全面推进开放型经济高质量发展的重要举措。近年来,上海自贸区发展取得了显著成效。2015—2017 年,共吸引外资新设项目 401 个,同比增长 54.83%;合同外资 111.19 亿美元,同比增长 269.52%;实到外资 32.88 亿美元,同比增长 37.46%。截至 2018 年 5 月,专利授权量累计 5.9 万件(占浦东新区的 40.3%,占上海市的 9%),其中,发明专利累计授权量 2 万件(占浦东新区的 56.4%,占上海市的 14.9%)。① 早在自贸区成立之初,2013 年 12 月,上海自贸区的金融改革方案便已经出台,中国人民银行正式发布了《关于金融支持中国(上海)自由贸易试验区建设的意见》,提出了包括力推人民币资本项目可兑换、利率市场化和外汇管理等领域改革试点措施,人民币资本项目放开在上海自贸区这一试验田上全面提速。

(一)金融改革创新方向

总体上而言,上海自贸区金融改革的主要方向是市场化、国际化,

---

① 数据来源:澎湃新闻,https://baijiahao.baidu.com/s?id=161211678652 5582866&wfr=spider&for=pc。

着力解决对外开放中金融领域的众多问题。具体而言,包括四大块内容:一是探索投融资汇兑便利化,推动资本项目可兑换进程,进一步扩大试验区对外开放,支持企业走出去。二是扩大人民币跨境使用,使区内企业和个人更加灵活使用本币进行跨境交易,降低汇兑成本,减少汇率风险。三是稳步推进利率市场化,加快改革进程,支持实体经济发展。四是深化外汇管理改革,进一步减少行政审批,逐步建立与之相适应的外汇管理体制。

(二)金融改革制度创新内容

在缓解企业融资困境方面,上海自贸区融资制度创新主要体现在几个方面:一是金融服务业要对符合条件的民营资本和外资金融机构开放,并且支持在区内设立外资银行和中外合资银行。二是允许金融市场在区内建立面向国际的交易平台。三是放开一向禁止境外企业参与的商品期货市场,逐步允许境外企业参与商品期货交易。四是在这些改革的推动下,产生一系列金融市场的创新产品,支持股权托管交易机构在区内建立综合金融服务平台。五是支持开展人民币跨境再保险业务,培育发展再保险市场。

第五章 县域综合创新与中小企业
融资困境纾解:路桥经验

  与温州金改、上海自贸区改革等政府供给主导型制度创新相比,台州的"路桥经验"更多地呈现出需求诱导型制度创新的特点。路桥地区民营经济发达,中小企业众多,这些企业在发展的过程中时常会遇到资金瓶颈。但是通过路桥区政府、银行、企业三方联动,路桥地区中小企业融资困境得到了有效纾解,小微金融发展势头良好。截至2018年末,路桥辖区内共有银行业金融机构20家,其中地方法人金融机构4家(是当时全国拥有地方法人银行数量最多的县级区);保险业金融机构24家;证券业金融机构8家;小额贷款公司4家;新型金融组织3家。全区金融业增加值为44.64亿元,占全区GDP的6.61%,占第三产业产值的11.86%。2018年,全区金融业实现税收19.24亿元,占全区入库总税收的21.40%,全区银行业金融机构人民币存款余额1147.26亿元,同比增幅18.31%;人民币贷款余额862.13亿元,同比增幅7.43%,不良率0.59%,较年初下降0.07%。其中4家地方性银行人民币存款余额723.21亿元,同比增量117.36亿元,人民币贷款余额481.96亿元,同比增量57.6亿元。路桥区小微金融发展主要呈现以下三个特点。

  第一,路桥区是全国民营城市商业银行先行区。路桥区现拥有台州银行、泰隆商业银行、路桥农村合作银行3家地方法人银行,其中,台州银行和泰隆商业银行是民营地方城市商业银行,这在全国县级区域是唯一的,使路桥区成为全国民营城市商业银行发展的"排头兵"。

第二,路桥区是全国小微企业金融服务的典范。台州银行、泰隆商业银行、路桥农村合作银行始终坚持"中小企业的伙伴银行""小微企业成长的伙伴"的定位,专注于以小微企业、个体户、家庭作坊以及农户等为主要服务对象的小额金融服务,在全国树立了"简单、方便、快捷"的优质金融服务品牌。

第三,小微金融已经成为路桥区的支柱产业。2018年,路桥区金融业增加值为44.64亿元,占全区GDP的6.61%,占第三产业产值的11.86%;金融业实现税收19.24亿元,占全区入库总税收的21.40%。路桥区以发展小微金融为契机,积极打造"中国小微金融服务之都"。

本章将重点选取路桥地区小微金融为典型样本,剖析路桥政府、银行、企业三方如何联动解决企业发展问题,尤其是路桥如何从民间资本引导、产业集群联动以及中小金融机构互动等三方面创新金融制度,纾解中小企业融资困境。

第一节　中小金融机构快速发展,缓解资本供给不足

中小金融机构的发展对纾解中小企业融资困境是银行之外的重要补充,但如何利用民间资本来解决中小企业融资难问题,对中小企业发展以及民间资本合理利用具有重要的意义。

台州银行、浙江泰隆商业银行和路桥农村合作银行3家地方法人银行在有效破解"民间资本多、投资难;中小企业多,融资难"问题上做出了重要贡献。以2012年前三季度为例,3家银行100万元以下小微企业贷款占比分别为38.10%、48.94%、56.65%,100万元以下小微

企业客户占比分别为 91.41%、85.42%、89.74%。户均贷款余额分别仅为 48.37 万元、62.68 万元、28.00 万元。

台州是浙江省民间金融较为发达的地区,由民间资本投资设立的小额贷款公司为台州当地中小企业融资提供了很大帮助。项目组在走访台州路桥区过程中了解到,自 2009 年以来,路桥区开始小额贷款公司试点,以引导民间资本进入实体产业,推动民间融资阳光化。截至 2012 年,路桥区拥有 3 家小额贷款公司,注册资金共计 5 亿元(见表 5.1)。3 家公司可放贷资金达 7.9 亿元,累计放贷 53.4 亿元,仅 2012 年,路桥区小额贷款公司全年放贷 1516 笔,当年累计放贷金额达 11.93 亿元,为当地的小企业及"三农"客户部分解决了融资难问题;平均综合收息率为 16.4%,低于同期路桥区民间借贷利率,并引导民间借贷利率有所下降,为路桥经济又好又快发展做出了一定的贡献。截至 2012 年末,3 家小额贷款公司贷款逾期率分别为 0.67%、0.001%、0,均低于同期全区银行业的平均逾期率(0.93%)。

表 5.1　路桥区正式开业的 3 家小额贷款公司基本情况表(截至 2012 年)

公司	成立日期	主发起人	注册资本/亿元	融资金额/亿元
玉峰小额贷款公司	2009.03	浙江玉峰实业集团有限公司	1.5 亿元	0.75 亿元
九鼎小额贷款公司	2009.09	九鼎建设集团股份有限公司	1.5 亿元	0.9 亿元
三友金龙小额贷款公司	2012.12	三友控股集团有限公司	2 亿元	尚未融资

试点以来,路桥区积极发展壮大小额贷款公司队伍,全力落实省市区各项扶持政策,同时不断加强监管,引导其合规经营。

第一,争取试点名额,统筹规划布局。路桥区市场经济发达,中小企业众多,小额贷款市场广阔,同时,民间资本充沛,民间融资活跃,发展小额贷款公司具有良好的先天优势。试点以来,路桥区积极向台州市金融办申请小额贷款公司试点名额,建立小额贷款公司发起人意向资源库,慎重选择管理规范、诚信经营、实力雄厚的骨干企业作为小额贷款公司的主发起人。在积极争取试点名额的同时,路桥区坚持合理规划布局,在适应市场需求的前提下积极稳妥扩大试点覆盖面,逐步向中心镇布局,第三家小额贷款公司就位于省级中心镇金清镇,避免出现小额贷款公司一哄而上、扎堆聚集、过度竞争的现象。

第二,积极落实政策,大力加以扶持。为鼓励小额贷款公司发展,路桥区积极贯彻落实省、市在税收减免、财政补助、小额贷款风险补偿方面出台的扶持政策。2010 年,区财政对两家公司补助税收 181.9 万元,小额贷款风险补偿 55.0 万元;2011 年,补助税收 194.3 万元,小额贷款风险补偿 702.9 万元(2010 年的部分小额贷款风险补偿在 2011 年补助)。2012 年,小额贷款公司的扶持资金在 800 万元左右。同时,路桥区还积极支持小额贷款公司增设和增资扩股,并对新设立小额贷款公司注册资本达到 2 亿元及以上的,区财政给予一次性补助 20 万元,对现有的小额贷款公司追加资本金,扩大贷款规模,追加后注册资本达到 3 亿元及以上的,区财政给予一次性补助 15 万元。扶持政策的兑现较好地激发了小额贷款公司的积极性,进一步引导小额贷款公司坚持"支农""支小"目标定位。

第三,健全监管体系,引导合规经营。合规经营是小额贷款公司能够长久健康发展的重要基石。小额贷款公司从事的是银行业金融机构"不愿做"的高风险业务,容易形成"以高收益来覆盖高风险"的错误逻辑,忽视经营的合规性。因此,自试点以来,路桥区积极完善监管及服务措施,明确金融、工商、财政、审计等部门协作责任,努力建立长效的监管机制,在严把小额贷款公司准入门槛基础上,加强对小额贷款公司的业务指导,综合运用现场检查、非现场检查等监管手段和政策,扶持引导和规范小额贷款公司经营行为,提高其风险防控意识和经营水平。同时,定期、不定期组织金融办、工商、财政、人行和银监等部门对小额贷款公司进行检查、考核,引导其合规经营,每年末都要求第三方审计机构对小额贷款公司进行财务审计。

第二节　金融服务下沉,完善企业融资征信机制

台州路桥区民间金融发达,尤其是中小银行,目前路桥区内共有包括泰隆银行、台州银行、路桥农村合作信用社在内的 3 家民营城市商业银行。其都以民间资本为主体,而且服务的对象都以本地区内的中小企业为主。尤其是泰隆银行,在发展过程中,不断下沉服务对象,利用中小企业的"三表三品"("三品"指人品、产品、押品;"三表"指电表、水表、报表),简化中小企业的信贷流程,将自身打造成中小企业的"成长伙伴"。台州泰隆银行以逐渐放低贷款限额,打造"社区银行",缓解中小企业融资困境。浙江泰隆商业银行是一家致力于小企业金融服务的商业银行,从客户结构来看,泰隆银行 500 万元以下的贷款客户占到 99.5%,贷款余额占到 85%;100 万元以下的客户数占到 92%,贷款余额占到 52%;50 万元以下的客户占 81%,贷款余额占51%。与此同时,泰隆银行的户均贷款额逐年下降,2012 年户均贷款额为 48 万元,2011 年为 51 万元,2010 年为 54 万元,这与泰隆银行"客户定位下沉、网点区域下沉"的发展定位密不可分。

台州地区制造业发达,实体经济以中小企业居多,随着国内国际环境不断变化,台州地区中小企业资金困难逐渐暴露,民间金融机构准确把握当前形势,调整发展定位,创新金融服务,以此为中小企业融资提供便利。

第一,设立批量化机构。为更好地服务中小企业,进一步下沉中

小企业金融服务,泰隆商业银行开始在乡镇、社区、街道批量化设立中小企业专营支行,把机构开到中小企业"家门口",提供"贴身服务"。仅2012年度,泰隆商业银行就批量设立了18家中小企业专营支行。作为泰隆商业银行探索中小企业专营支行模式的实验田,庆元屏都支行开业不到1年即实现盈亏平衡,实现了社会责任与经济效益的"双赢"。

第二,中小贷款批量作业。为更好地解决中小企业金融服务成本高的难题,泰隆商业银行积极探索中小企业贷款批量作业,通过批量审批、标准化作业等方式实现对具有某一共同特征(如具有相似的商业模式、经营特点和风险特征等)且分散经营的集群客户进行集中选择、分析、开发和营销。批量化作业主要针对单户融资需求50万元(含)以下的中小客户群体,遵循从"面上整体开发"到"点上逐一审核"的原则。泰隆商业银行在通过批量作业向中小企业客户集群发放短期小额贷款,提高服务效率的同时,也有效降低了服务成本。

第三,创新信贷产品。泰隆商业银行以自主研发为主,不断加大新产品研发力度,创新优化产品。一是担保方式创新,重点推出"信融通"信用贷款、"义融通"道义担保贷款、"定融通"存单质押贷款及"押满融"抵押组合贷款;二是还款方式创新,重点推出"接力贷"循环贷款、"整贷零还"分期还款业务及"SG泰融易"中期贷款;三是贷款渠道创新,将传统信贷产品与电子银行相结合,推出"融e贷"循环贷款,实现了贷款业务办理渠道多样化、电子化、便捷化,大大降低了客户的时间成本和资金成本,使"三分钟、三秒钟"轻松贷款成为可能。

第四,服务实体经济。为更好地服务实体经济,泰隆商业银行通过加大惠企减负力度,在对包括网银、开户等63项业务全部免费的基础上,对银行承兑汇票业务、函证业务等13项业务手续费做了不同程度的减免,基本实现"裸费"服务,切实让利中小客户;通过考核杠杆协

调,合理安排考核,防止基层机构急功近利,引导基层机构从规模增长
转向质效提升,确保服务定位;通过提升不良容忍,鼓励发放信用贷款
和道义担保贷款,切实服务好实体经济和中小企业,积极履行社会
责任。

第三节　政府服务体系创新,构建有效保障制度

路桥区民营经济发达,中小企业融资需求旺盛,路桥区政府积极
推动当地小微金融发展,通过三大支持政策,切实解决中小企业融资
困难。

第一,制定战略、加强领导、强化扶持,努力做好政府服务。一是
科学制定小微金融发展战略,重点强化"小微企业金融服务覆盖率"
"小微企业金融服务满意度""小微金融服务增加值占比""本土小微金
融机构数量和质量""地方小微金融服务体系和信用环境"等五方面建
设,推进"中国小微金融服务之都"区域品牌打造。二是强化部门间协
作,形成支持小微金融发展、加快金融创新、促进实体经济发展的浓厚
氛围。三是制定金融扶持政策,先后制定出台了《关于扶持金融业发
展的若干意见(试行)》和《关于扶持企业上市的若干意见》等相关政策
意见,指导小微金融更好发展。四是设立小微企业扶持资金。由区政
府主导建立,区财政出资,充分发挥地方财政的导向作用和放大效应。
设立2000万元的应急转贷专项资金,主要用于区内依法纳税,符合产
业政策、环保政策、信贷政策,偿还银行借款时资金周转出现暂时困难
的小微企业。设立2000万元应急贷款风险资金,主要用于区内有市
场、有技术、有发展前景,并在生产经营过程中遇到资金紧张等突发情
况的小微企业。

第二,搭建平台、关注创新、服务实体,努力做好政府推动。一是

积极搭建区级金融发展平台,制定出台了《关于推进地方金融创新发展实施方案》,明确打造小微金融示范平台、小微金融与民间资本互动平台、小微金融研发交流平台等六大区级平台。二是积极推动金融机构创新产品,通过对金融机构支持经济发展的业绩考核、财政性存款的调配等途径,推动金融机构关注小微企业、加大信贷投放、创新金融产品、服务实体经济。三是积极搭建银企合作平台,健全银企合作洽谈制度,举办银企对接会,组织金融机构深入企业排忧解难,推动金融机构与中小企业的融资对接,促进实体经济发展。

第三,发挥优势、完善机制、稳定金融,努力做好政府引导。一是发挥民营金融优势,鼓励引导民间资本有序融入现有金融体系,实现民间资本与银行业务对接,加强民营金融与中小企业互动。二是完善政银合作机制、银银合作机制以及银企合作机制,政府和银行共同设立"小微企业节能贷款""网上银行电子商务信贷"等业务,引导民营金融机构与国有商业银行开展优势互补、资源共享合作,促使国有商业银行中的部分富余资金通过民营金融机构的"毛细血管"渗透到小微企业群体。三是维护金融稳定,建立每月报送信息制度,及时掌握资金链困难企业、非法集资案件等相关动态,发现苗头就积极防范。

第四节　路桥经验总结与启示

中小企业融资困境由来已久,台州路桥区通过政府保障、银行创新、民间引进等方法来缓解中小企业融资难的困境。政府主要通过制定政策、搭建平台、完善制度、稳定金融等措施来整体规划中小企业融资困境的纾解布局,协调银行、企业、民资之间的联动效应,多途径、广渠道地为中小企业融资困境纾解提供办法;中小商业银行扎根本地,充分了解中小企业需求,不断创新金融产品、完善金融服务,满足中小企业差异化需求,打造"社区银行",争做中小企业发展的"成长伙伴",同时依托产业集群平台建立"共同基金",减少银企信息不对称,便利中小企业贷款;积极引导和利用民间资本,成立正规小额贷款公司,为解决中小企业融资困境提供新途径。

随着国民经济的快速发展,中小企业数量不断增多,日益成为推动经济高速增长的主力军,所以对于各地方政府而言,纾解中小企业融资困境日益成为其工作重点。各地方政府应紧紧围绕金融服务地方经济发展这一主线,牢牢把握经济发展方式转变的新机遇,从"融资供给平台""政府增信平台""风险防范平台"等三方面扎实、有效、创新地开展工作。

第一,在融资供给平台上下功夫,增强全社会融资保障。一是各地方政府应鼓励继续做大做强地方法人银行,提供一切便利为银行发展做好服务。二是各地方政府应积极引进更多金融机构,大力发展新型金融组织,积极引进各类银行、保险等金融机构在当地设立分支机构,同时推动组建地方性的小额贷款公司等新型的地方金融组织,发挥"金融毛细血管"的作用。三是积极推动企业直接融资,大力扶持小微企业上市,加大对后备企业的培育。

第二,在政府征信平台上下功夫,切实解决企业信用、信息"两缺"问题。一是积极借鉴先进经验,参与建设非营利性的政府投入、银行参与的中小企业信用保证基金。二是探索建立政府统一监管的民间融资规范中心,通过建立民间资金供求登记备案制度,规范交易流程,提供信用连带责任和鉴证服务,形成当地范围内统一、有序、规范的民间融资平台。三是探索建立地方非银行信用共享系统,将当地各部门有关企业信用信息汇集之后提供各金融机构查询,提升各地区信用体系建设的信息化水平。

第三,在风险防范平台上下功夫,切实保持小微金融稳定。一是探索建立地方性中小微企业融资规范辅导中心,改变小微企业没报表、无会计等自身缺陷,引导小微企业融资趋于规范。二是探索建立民间应急转贷资金,引导民间资本组建专门为企业到期贷款应急周转服务的公司,实现企业到期贷款的无缝续贷。三是进一步加强金融风险防范预警工作,加强重点行业、重点领域、重点企业的动态监测,积极防范和化解金融风险;加强对苗头性问题的分析研判,打击非法金融活动,着力防范系统性、区域性金融风险。

另外,从资金来源来看,随着民营经济的不断发展,民间资本不断积累,而且民间信贷也逐步成为解决中小企业融资困境的新生力量。由民间资本发起设立的小微贷款公司等中小金融机构在中小企业融资困境的纾解过程中起到了重要作用,但是民间资本具有风险高、盲目性大等特点,如何利用好民间资本也是完善民间金融市场的重要工作。借鉴路桥经验,有效利用民间资本可以有以下两点借鉴。

第一,以小额贷款公司为载体,政府积极引导民资进入。小额贷款公司是民间资本纾解中小企业融资困境的主要途径,也是利用民间资本的重要形式,但由于民间资本的高风险性以及小额贷款公司管理上的问题,需要政府积极引导民间资本设立小额贷款公司。同时,金融监管部门要加大对小额贷款公司的监管力度,减少风险危机。但是这并不是意味着政府可以直接管理小额贷款公司,而是政府积极监控风险,防止风险演化成问题。

第二,以民营银行的放开为契机探索民资进入银行业的路径。随着金融市场的不断放开与完善,民间资本拥有更大的"活性",而且随着民间资本放开、成立民营银行,民间资本对中小企业融资困境的纾解将起到更大的作用。各地应当以此为契机,积极探索民间资本对银行业的影响,以及民间资本如何通过进入银行业来纾解中小企业融资困境。

第六章　创业投资发展与中小企业
融资困境纾解:浙江调研

第一节　创业投资激励政策实施现状

2000 年,浙江省政府发布的《浙江省鼓励发展风险投资的若干意见》,是浙江省首个关于发展风险投资的文件;2004 年,浙江省十届人大常委会通过的《浙江省促进科技成果转化条例》中,对风险投资有了明确的优惠政策支持(实际政策未得到施行);2007 年,浙江省发改委联合财政厅、税务厅发布《关于贯彻落实国家三部委促进创业投资企业发展有关税收政策的通知》,使创投真正享受到税收优惠;之后,杭州市首先推出创业投资引导基金,对创业投资进行扶持,浙江省创业风险投资引导基金也随后建立。2010 年后,全省各地方政府纷纷出台政策对创业投资进行扶持,各地的创业投资引导基金也陆续建立。浙江省科技厅也于 2012 年出台政策,对有创投投资的企业在申报省重大项目时设立绿色通道,并予以倾斜。课题组以 2017 年《浙江省人民政府关于促进创业投资持续健康发展的实施意见》的政策为基础,走访调研杭州、宁波等地创投机构 33 家并发放问卷,100% 的创投机构对浙江省创投政策表示非常满意或满意,认为浙江省创投政策体系健全且执行到位,创业投资激励政策成效显著,有力促进了浙江省创业投资的蓬勃发展。

一、创业投资政策体系健全且亮点纷呈

浙江省从创业投资的"募、投、管、退"四个阶段出台激励政策,包括大力发展投资主体、多措并举扩大创投资金规模、加强政府引导和政策扶持、优化创投社会环境等,创业投资激励政策体系健全,极大优化了创业投资发展环境。与此同时,浙江省创业投资激励政策创新十足、亮点纷呈,譬如搭建创业投资与企业信息共享平台,引导创投企业投资政府科技计划(专项、基金等),实现科技成果的转化;探索设立国家级创业投资综合改革试验区;充分发挥省级股权交易平台等区域性交易场所作用,研究制定创投基金份额评估及流通转让机制。

二、创业投资激励政策重点在于募资阶段

资金是创业投资发展壮大的基础,浙江省民营经济发达,民间资本充裕,但创业投资规模依然偏小,所以出台了大量政策措施来解决募资问题。在浙江省创业投资激励政策体系中,募资阶段的激励政策占了50%,包括鼓励各类机构和个人设立创投公司,积极鼓励包括天使投资人在内的各类个人从事创业投资活动,支持鼓励国有企业、有实力的民营企业、保险公司、大学基金等各类机构投资者和合格的个人投资者投资创投企业等。通过培育多元化的创业投资机构主体,壮大创业投资规模,解决创业企业资金难的问题,助推经济、社会发展。

三、创业投资激励政策执行到位

通过问卷调查,所有创投机构都表示浙江省创业投资激励政策执行到位。在募资阶段,创投机构认为最满意的政策包括"鼓励各类机

构和个人设立创投公司"(91%)、"积极鼓励包括天使投资人在内的各类个人从事创业投资活动"(84%)等;在投资阶段,创投机构认为"发挥政府资金的引导作用"(100%)等政策较为到位;在管理阶段,认为"做好税务工商等国家政策的衔接配套"(85%)、"创造鼓励创业投资的良好知识产权保护环境"(83%)等税收类优惠政策和知识产权保护政策对创投机构帮助最大;在退出阶段,创投机构认为"进一步完善创业投资退出机制"(100%)等政策最为有利。同时,创投机构认为浙江省创业投资激励政策的连贯程度、宣传力度、扶持力度、执行力度、政策与机构实践的匹配程度、政策制定与现实情况的匹配程度都处于较高水平。

四、创业投资激励政策成效显著

创业投资激励政策执行到位,有效推动了浙江省创业投资快速壮大,长足发展。截至 2017 年底,浙江省(包括宁波市)在"中国证券投资基金业协会"备案登记管理基金 3114 家,注册资本 450.95 亿元,管理资本规模 4601.49 亿元;创投机构累计投资创业企业 3434 家,投资金额 491.75 亿元,其中累计投资高新技术企业 738 家,投资金额 152.19 亿元;产业集聚于 IT 服务业、软件产业、网络产业等,占比分别达到了 9.76%、9.39% 和 7.92%。浙江省创业投资呈现出规模不断扩大、环境不断优化、项目绩效日益显著等特征。创业投资的快速发展,极大解决了企业融资难的问题,完善了浙江省创新创业环境。

第二节　新冠肺炎疫情对创业投资的影响

2020 年初,新冠肺炎疫情暴发,影响着浙江省经济社会发展,对于创业投资机构也存在着较大影响。课题组设计问卷对 69 家创业投资进行调研。从调研结果来看,所有创投机构都认为新冠肺炎疫情对创业投资具有影响,且 70% 以上的创投机构认为影响很大,主要表现在以下三方面。

一、新冠肺炎疫情影响创业投资"募、投、管、退"等各个阶段

所调研的 69 家创投机构中,超过 60% 的机构认为新冠肺炎疫情影响创业投资"募、投、管、退"的所有阶段,具体表现在整个宏观经济遭受影响,资金募集困难;影响日常出差、项目考察,无法尽职调查获得须与企业直接接触的信息,影响新的投资展开;无法对企业进行直接管理及提供面对面增值服务;部分投资企业经营出现困难,增长速度放缓。调查结果还反映,对国有或政府主导的创投机构而言,影响最大的是管理阶段;对民营创投机构而言,影响最大的是募资阶段。

二、创投机构普遍认为新冠肺炎疫情的影响将持续1年以上

从调研结果来看,超过 86% 的创投机构认为新冠肺炎疫情影响的持续时间将持续 1 年,其中接近 40% 的机构认为影响会持续 1 年半,也有 5 家创投机构认为时间会超过 2 年甚至更长。即便如此,创投机构都认为不会减少投资预算。从已投资的项目来看,新冠肺炎疫情还是产生了一定影响,且主要集中在消费品、制造业、影视行业、餐饮业和线下消费零售业等产业。

三、创投机构采取积极措施应对新冠肺炎疫情所带来的消极影响

一是坚持长期投资,深耕行业,回归实体投资和价值投资,包括加强与储备项目的线上沟通和指导、提高专业化投资水平等。67% 的创

投机构认为在疫情期间及事后主动承担相应的企业社会责任,加强社会品牌认知具有重要意义。二是加大投后管理能力。提供有力有效的投后增值服务,帮助陷入困境的企业调整战略、克服困难,通过对接资源、争取政策支持等协助企业渡过难关。三是加强行业间、跨行业的交流与合作。80%的创投机构认为需要加强与银行业、保险业的交流,以股权和债权结合的方式,使中小微企业渡过现金流难关等。

四、新冠肺炎疫情也催生了一些新的投资机会

不少创投机构反映新冠肺炎疫情之后也存在不少机遇。一是经历疫情后,企业的抗风险能力大大增强,意味着创投机构所投资的企业具有很强生命力,后续发展可期。二是疫情将会催生一大批潜在的投资项目,尤其是医疗健康领域(如生物制药、医疗设备、疫苗研发等)、线上项目(如在线办公、在线教育、在线娱乐等)、核心技术(如生命科学、AI、大数据、5G 等)以及新基建,值得密切关注。

第三节　发达国家支持创业投资的经验

一、美国支持创业投资的举措

美国是全球创业资本起源最早、机制最完善和发展最成熟的国家,创业资本能够取得巨大成就,归根结底取决于美国政府的大力培育和扶持。

(一)系列优惠政策为创投发展提供了完善的制度

一是税收优惠政策。1981 年,美国国会通过了《股票期权鼓励法》,重新采用以前那种以股票期权作为酬金的做法,即只在出售股票

时才课税,兑现股票期权时则不必缴税。二是经济补贴政策。1982年,里根政府签署了《小企业发展法》,规定研究经费超过1亿美元的部门必须将财政预算的1.3%用于支持小企业的发展,平均每家小企业可获得5万美元用于可行性研究,5万美元用于市场可行性调查或购买生产用产品。三是信用担保政策。美国实施《小企业股权投资促进法》,解决了小企业投资公司计划中的一些结构性问题,还提出了"参与证券计划"。小企业管理局以政府信用为基础替那些从事股权类投资的小企业投资公司公开发行长期债券提供担保,而且长期债券的定期利息也由小企业管理局代为支付,只有当小企业投资公司实现了足够的资本增值后才一次性偿付债券本金,并一次性支付给小企业管理局10%左右的收益分成。

(二)独特的有限合伙制

有限合伙制是指管理合伙事务并对合伙债务承担无限责任的普通合伙人,和不参与合伙事务的管理但以其出资对合伙债务承担有限责任的有限合伙人组成的一种合伙形式。美国创业投资发展的经验表明,有限合伙制是创业投资的最佳组织形式。它通过有限合伙合同中有限合伙人(主要出资者)对普通合伙人(主要管理者)的激励与约束机制,有效地解决了有限合伙人与普通合伙人之间的代理问题。一方面,有限合伙制对普通合伙人的约束机制,包括对普通合伙人资本使用方式的约束和具体运作实施有效监督。另一方面,有限合伙制对普通合伙人的激励机制,包括收取管理费、参与利润分配等。

(三)有效的增值服务

在美国,创业投资机构不仅给创业企业提供风险资本,更重要的还是根据其是否为主导投资者、单个项目投资额度大小、投资的不同阶段、创业投资家经验丰富程度等，通过董事会、投资协议和相关契约，分别采取紧密参与型、适度参与型和放任自流型管理方式，向创业企业输入管理要素，提供增值服务。创业投资机构向创业企业提供增值服务的绩效十分显著，尤其是在企业发展战略、社会支持和网络支持等方面，创业投资家发挥着不可替代的作用。

（四）畅通的退出渠道为创业投资者解除了后顾之忧

创业投资退出渠道是指创业投资机构在创业企业发展相对成熟之后，将其所投入的资金由公司股权形态转化为资金形态——变现的渠道及其相关的配套制度安排。由于风险资本进入创业企业的不是为了控制企业或取得企业的所有权，而是希望适时退出以便获取高额的投资回报，这种对高额利润的追求是创业投资发展的内在动力。目前，美国已经建立起了健全、畅通的创业投资退出机制。创业投资者主要通过以下渠道从创业企业中退出：通过创业企业股票首次公开上市发行的方式退出；通过大公司收购兼并或其他创业投资基金收购创业企业（将来再转卖）的方式退出；通过创业企业创办人、管理者和员工赎回的方式退出；通过创业企业破产清理的方式退出。

（五）注重创业投资家的培养

美国的创业投资家中，有很多不仅是技术方面的专家，而且通晓金融知识。因此，他们对某一项发明或科技成果是否具有广阔的市场前景能在较短的时间内做出判断，节省了从研究到成品推放市场的时间，有利于比别人更早地取得专利和占领市场。有的创业投资家甚至拿着支票到个知名的小镇或者大学去和那些有突出发明和特长的人或学生谈判，给他们提供资金，帮助他们创业。他们不以貌取人，也不论资排辈。他们的社会背景也不同，有的是企业家，有的是富翁，有的是政府部门主管,有的是基金经理人,有的是发明家,但是他们有一个共同的特点,那就是对新鲜事物有着敏锐的洞察力,极具战略眼光。反映在创业投资上就是抢占知识经济制高点,努力培养国家支柱产业,从而走在时代前列,领导世界潮流。

二、以色列支持创业投资的举措

以色列国土狭小,自然资源十分匮乏。但其经济却长期保持着较高的发展速度,20 世纪 90 年代,国内生产总值年均增长 7% 左右,2018 年,以色列经济增长速度也达到了 3.3%,并维持着很高的社会福利。以色列经济发展引起了世界的关注,西方有人称之为"沙漠奇迹"。事实上,这些奇迹的产生与以色列重视科技创新和创业投资事业的发展是分不开的。以色列也出台了大量政策举措来支持创业投资发展。

(一)完善投资法规

为促进创业投资活动,以色列政府采取了对高技术投资项目给予投资补贴和减免税等优惠政策,并制定了《投资促进法》,对具有高技术含量和高附加值,在国际市场上具有竞争力的投资项目给予政策倾斜。政府依据区域发展政策,针对不同区域,给予不同程度的投资补贴和减免税政策。以前,以色列对国内机构投资者介入创业投资有着严格的限制,包括养老金和保险基金,但一直以来却大力引进国外机构投资基金进入国内创业投资,并取得了一定实效。20 世纪 90 年代,来自北美及欧洲的创业投资占 3%~5%,而同期以色列机构投资者的投入只占 0.2%,他们大量投资国债等安全性较高的产品。而近年来,政府在考虑放松对养老金、保险金等机构进入创业投资的限制,已立法同意将集合资金投入创业投资基金。工业与贸易部计划利用政府的股权担保来吸引国内机构投资者进入风投。在国家财政预算安排方面,研发支出费用的 90％用于参股创业投资基金,以支持引导创业投资的发展。

(二)进行税收激励

一直以来,以色列很少通过直接免税的优惠措施来刺激创业投资,在法律中仅有有限的条款对红利实施优惠资本利得税。2002 年 7 月,一项新的税收政策实施了,国外投资者在国内高科技企业初创期的创业投资中的资本利得税被永久豁免。如今,受税收政策激励,以色列大多数高科技企业的初创期建设,都引入了美国或其他国家的风投资本。同时,以色利政府不限制海外基金在各行业中的投资权益及比例(除银行、保险及国防相关行业外),并且保障这些海外投资公司能够很顺畅地回收投资收益。为防止资本利得流出多于流入,政府开始实施更为有力的税收激励政策。对于高科技企业,政府鼓励推行员工持股及股票期权等激励机制,并在税制上做出安排以配合这种激励机制。这种安排包括税制的高度透明性和优惠税率两个方面。根据一定条件和程序,持股职工可以得到一定程度的资本利得税减免,从而使企业的经营效果与职工的利益更加紧密地挂钩,有效地刺激了管理人员、技术人员以及职工的工作积极性。

(二)政府股权投资计划

推动创业投资最主要的力量是政府股权投资 YOZMA 计划。为启动创业投资,学习国外有限合伙制,获得国际资本的合作支持,以色列 1993 年创立了 YOZMA 基金计划。最初,政府基础资本为 1 亿美元。基金运作定位于两个方向:一是用其中的 8000 万美元投资参股私募创业投资基金;二是用 2000 万美元直接投资高科技产业。其目

的是推动民间基金投资高科技产业的种子期、初创期。政府希望借此
建立多元化的投资平台,推动风险资本投资高科技企业。后来,
YOZMA 基金衍生发展为 10 个子基金,每个子基金的初始规模大约
为 2000 万美元,都是由本地投资机构和一个海外机构投资者组成,承
诺投资于企业的初创期。在这些条件下,以色列政府对子基金注入约
40%的投资。对海外投资者,以色列政府用股权担保、税收优惠等手
段吸引他们加盟。当国内创业投资逐渐成熟后,政府主动退出,通过
订立的期权价(一般为成本价或仅在成本价上加 5%~7%的收益)将
手中大部分权益卖出,以达到私有化目的。YOZMA 模式最大的特点
是通过资本杠杆作用,撬动大量海外资本(特别是美国投资基金)和民
间资本投资高科技企业。几年后,YOZMA 基金的资本总额由 1 亿美
元增至 2.5 亿美元,成功投资了 200 多个高科技企业的初创期,为国
内创业投资的发展做出了重要贡献。

(四)构建投资网络

以色列大部分风险资本来自本国及国外富有的个人和家族群体,
特别是美国的天使资本。政府将国外天使资本、创业投资基金、机构
投资者、跨国公司及个人有效连接起来,形成一个庞大的投资网络。
很多以色列风险基金还在美国和欧洲设立了代表处或分公司,帮助寻
找共同投资者。这些设在国外的机构,还负责跟踪关注海外技术及市
场发展的最新动态。这对发展本土创业投资起到了积极的推动作用。
政府为创业投资公司建立了国际科技研究合作与交流的平台,如美
国—以色列科学与技术委员会、美国—以色列双边工业研究与发展基
金会(BIRD)等。政府设立了针对中小企业管理与培训的机构
ISMEA。政府相关机构如贸易研究院、工业研究中心等,也为中小企
业提供公司管理、产品服务等方面的帮助。正是这些无形资产的投

入，使国内外天使资本对以色列创业投资充满兴趣和信心。

三、韩国支持创业投资的举措

20 世纪 90 年代早期，韩国的创业投资额微不足道。在遭受严重金融危机和由此引发的全面经济衰退后，韩国有关各方一致认为，除政府干预过度、金融市场扭曲、企业经营不善和外资负担过重等表面直接原因外，更深层次的原因是产业结构不合理和国家创新能力不强，国家经济因此失去危机抵抗力和持续发展的动力。危机爆发后，韩国政府在对以往经济发展做深刻反思的基础上，采取了各种旨在加强国家创新体制建设的措施。在大力加强国家创新体制建设的大背景下，在政府资金的引导及良好环境的推动下，韩国创业投资事业得到了迅速的发展。具体而言，韩国发展创业投资的主要政策有以下几个方面。

（一）建立健全创业投资的相关法律体系

韩国政府在创业投资业发展之初就十分重视法律规范的制定。1998 年，韩国对《培育高科技企业特别措施法》进行了修订，对创办中小型创业投资企业给予优惠，鼓励对中小型企业进行创业投资。1999年 3 月，韩国进一步制定了《科技创新特别法》，对扶持中小型企业发展的各方面问题做了明确的政策界定，明确了国家运用行政手段发展中小型创业企业的责任。后来，韩国又对《培育高科技企业特别措施法》进行了修改。为强化创业投资的竞争力而导入了股票交换制度，把复杂的创业投资合并过程简单化，而且改善了对有限创业投资企业的特定制度。

(二)在税收政策方面给予创业投资企业尽可能大的优惠

韩国的创业投资有两个渠道:创业投资基金(VCFs)和有限合伙基金(LPFs)。创业投资基金必须在韩国中小企业管理局(SMBA)登记,主要向处于起步阶段的企业投资。有限合伙基金是共同基金,每个投资者根据其投资额分享利润。根据法律,每个有限合伙基金必须有来自创业投资基金的股份。韩国的税收激励政策,主要包括证券交易税和资本利得税的税收抵扣及免除。

一是创业投资基金和有限合伙基金投资者享受的税收优惠。投资于创业投资基金和有限合伙基金的公司和个人投资者,如果持有股份满 5 年,可以从其所得税中获得 15% 投资额的抵扣。此外,投资于创业投资基金和有限合伙基金的红利收入,不缴纳所得税,但要缴纳扣缴税。个人投资创业投资基金和有限合伙基金免缴资本利得税,公司和机构投资者投资有限合伙基金时,免缴资本利得税。二是创业投资基金和有限合伙基金本身享受的税收优惠。创业投资基金和有限合伙基金对起步阶段的企业和小企业投资所获得的红利,免交公司所得税。创业投资基金可以在其纳税前,从公司所得中扣除投资损失的 50%。资本利得税根据其所持有的小企业的股份数确定。收购小企业时,免缴证券交易税。

(三)给予创业投资企业场地支持

第一,允许教授、研究人员利用自己的实验室注册工厂,可以组织博士生、研究生进行研究及产品的开发生产。这一特例为大学的科研人员、教授创业提供了便利。第二,为扶持创业企业,政府划地造楼,给予建筑商补助,将所建楼宇以极低的租金租给创业企业,以供其建立办公楼、实验室工厂等。第三,中央鼓励地方政府划出专门的区域以供创业企业安家落户，地方政府给予各种基础设施的保障，如交通道路、水电、保险等。第四，政府成立创业投资企业孵化器。创业保育中心租金非常便宜，有技术、想创业的人可进入中心，期限一般为2年，期满经政府审查满足一定条件的还可以延长。

(四)积极完善创业板市场

韩国的科技股市场(创业板市场或二板市场)——高斯达克市场(Korea Securities Dealers Automated Quotation，KOSDAO)是由韩国证券商协会仿美国的纳斯达克市场于1996年7月1日设立并正式开场交易的。KOSDAO市场是韩国创业投资的退出场所，采用并购、回购、转让等方式。2005年1月，韩国合并韩国创业板市场(KOSDAQ)、韩国证券交易所(KSE)和韩国期货交易所(KOFEX)，正式更名为韩国证券期货交易所(KRX)。10年间，高斯达克市场从小到大，从弱到强，得到了迅速发展。

第四节　促进创投发展，纾困中小企业

在课题组的调查中，创投机构普遍表示非常需要或需要创投激励政策，其中最需要的为"加大政府引导基金力度"(100%)、"加大税收补贴力度"(100%)、"工商注册等程序需要完善，譬如采用会审制进行"(100%)、"延迟税收优惠期限"(93%，其中67%的机构认为合适年限为5年)、"一址多企"(87%)。借鉴深圳等创业投资发达地区先进经验，课题组认为浙江省创业投资激励政策需要从注册审核、税收优惠、平台搭建、人才引进等方面进行突破和完善。

一、构建会审制松绑创投注册

松绑创投机构工商注册限制,将创业投资与P2P等互联网金融进行有效区别,激活创业投资发展的潜力。借鉴深圳会审制的注册登记模式,建立省工商局、金融办和创投协会等部门为主体的会审制度,逐步放开对创投机构注册的限制。不仅如此,借鉴深圳前海经验,允许创投机构采用虚拟地址来注册新的基金。在条件允许的情况下,解除"一个地址一个基金"的限制条件,允许创投机构在"一个地址注册多个基金"。

二、加速对接科创板

设立科创板并且试点注册制是我国完善资本市场的重要举措,也为创投机构发展带来了机遇。浙江省应当把握好科创板发展的有利契机,积极对接科创板,为创业投资壮大搭建平台。一是由分管省领导带队赴上海交易所对接,充分掌握科创板设立的思路与举措。与此同时,摸排省内优势科技产业和科创企业,及时掌握动态,并通过对接上交所将产业名录纳入其中。二是加强政策引导,鼓励创投机构重点投向拥有硬科技的科创企业,培育一批科创企业名单,壮大科创板中的浙江实力。三是加强政策宣传,对科创板、注册制等进行有效宣传,让企业能够充分了解,积极投身于硬科技研发并进军科创板。

三、加大税收优惠力度

认真执行《关于创业投资企业和天使投资个人有关税收政策的通知》(财税〔2018〕55号),对有限合伙制的创业投资基金按合伙企业整体即完整生命周期的收益来征税。同时,延长税收优惠期限,借鉴广东省佛山市的政策措施,"私募股权投资基金等创投机构,自获利年度起,前两年按照企业(合伙人)缴纳所得税区级留成部分100%的标准给予经营经费扶持;从第三年开始至第五年则为50%",建议税收优惠期限从获利年度算起,鼓励创投机构进行长期投资,保持创业投资的持续性和稳定性。

四、扩大引导基金规模

加大力度扩大引导基金规模,引导、扩大保险资金、社保基金进入创业投资的比例,成立百亿级引导基金,壮大创业投资市场规模。鼓励创新引领基金50%以上额度应优先投资于省内优秀创投企业管理的创投基金。

五、明确创投审计范围且简化股权转让流程

完善政府引导基金对投资的监督与审计机制,审计重点在于投资的合规性。原则上不将被投资企业和被投资项目纳入审计范围,必要时展开延伸审计。同时,简化股权转让流程。不同所有制出资主体的创业投资基金,在其从创投项目退出时,其评估定价、出让手续要按照委托和投资协议执行。在合法、合规的前提下,简化股权转让流程,以方便创投机构退出。

六、打造高能级的科技金融集聚区

据调查结果,创投机构普遍反映非常需要或需要金融集聚区(100%),且在税收优惠、工商服务等方面需要更大力度的扶持。建议在杭州城西科创大走廊、G60科创大走廊、宁波甬江科创大走廊等地区建设科技金融小镇,推进杭州高新区(滨江)、杭州未来科技城等建设创投大厦,加强创投机构的交流与协作。搭建信息共享平台,来对接企业项目和创投机构,减少资金需求方和供给方的信息不对称,打

通项目和创投之间的渠道。加强创业投资人才的引进力度,包括创业资金、创业场地等直接补助,解决好高端人才的落户、医疗保险、配偶就业、子女教育等配套服务。

七、加强创业投资协会功能

发挥创投协会的协调组织功能,定期举办创投机构交流会、项目对接会、高端金融论坛等,并且每年举办大型的创业投资峰会或者高端金融峰会,扩大浙江省创业投资的影响力,形成品牌效应。强化创投协会的行业自律。加强对创业创新早期知识产权保护,加强投资者教育和保护,规范创业投资机构募集资金行为,打击非法集资等违法犯罪行为。

第七章 政府服务优化与中小企业
融资困境纾解:滨江案例

　　国家高新区是推动我国经济持续稳定增长的中坚力量,从无到有、由少变多,已经成为世界新兴产业集聚"高地"、国家竞争优势的重要载体。杭州高新区是首批国家级高新技术产业开发区之一,1990年成立并在2002年与杭州滨江区合并,实行两块牌子、一套班子、全交叉兼职,既按开发区模式运作,又行使地方党委、政府职能。30年来,高新区(滨江)不断深化体制机制改革,强力推进创新创业,经济社会发展成效显著。2019年,实现生产总值1560亿元,同比增长8.0%;数字经济核心产业增加值1150亿元,同比增长15%,占GDP比重73.7%。在此过程中,高新区(滨江)充分重视金融对实体经济的支撑作用,多措并举、精准施策,优化金融生态,纾解企业发展困境。2019年,产业扶持资金支出37.5亿元,基金总规模达到42.9亿元,新增上市企业8家,累计上市公司50家,成为"浙江资本第一区"。①

---

① 数据来源:滨江区经济社会发展统计公报。

第一节 "三次创业"助力高新区蝶变

一、"一次创业"蓄积"蝶变"原动力

杭州高新区是首批国家级高新技术产业开发区之一,定位于新兴电子信息产业,吸引高层次人才进驻,积极培育中小科技型企业,成为高新技术的创新源和创新创业项目的孵化器。经过"一次创业",高新区快速发展,阿里巴巴、海康威视、浙江中控等一大批领军企业不断成长,蓄积起了高质量发展的原动力。1996 年,杭州滨江区成立,为了解决高新区发展空间受限等问题,高新区和滨江区于 2002 年合并,大量企业从江北迁向江南,从高新区向滨江区延伸,发展空间的拓展也促使高新区能够承载更多企业,培育企业的数量不断扩大,上下游配套产业更加完善,以电子信息产业为主体的产业集聚初具规模。高新区从无到有、从小到大,实现了跨越发展、跨江发展。

二、"二次创业"培育"蝶变"主动力

2002 年,科技部提出高新区要进行"二次创新",杭州高新区(滨江)以两区合并为契机,既强化开发区运作模式,又更好地行使社会治理职能。一方面,坚持"高"与"新"的新兴产业导向不动摇,推进腾笼换鸟,实现凤凰涅槃,在电子信息、安防等产业加大力度扶持龙头企业,引导企业做强做大做优,形成龙头企业的集聚效应。阿里巴巴、网易、华三通信、海康威视和大华科技等龙头企业规模不断扩大,跻身百亿级领军企业行列。另一方面,充分发挥大企业的裂变效应,完善创新创业生态环境,扶持由大企业裂变分化并成长起来的中小科技型企业。企业的聚变与裂变,成为促进高新区(滨江)高质量发展的主动

力,也为高新区(滨江)集聚起了数字安防、通信设备制造等众多优势鲜明的产业集群。经过"二次创新",高新区(滨江)的创新实力大幅提升。2002 年至 2013 年,高新区(滨江)规模以上工业增加值从 35.2 亿元增加至 174 亿元,年均增长 39.4%;研发投入从 3.7 亿元增加至 79.4 亿元;专利申请量从 136 项增加至 5665 项,自主创新逐步成为经济发展的核心动力机制。[①]

三、"三次创业"集聚"蝶变"新动力

进入新时代,滨江(高新区)以"三次创业"为契机,发挥杭州国家自主创新示范区核心区的优势,着力建设世界一流科技园区,集聚起高质量发展的新动力。一方面,探索数字经济下产业培育的新模式,实现技术驱动与需求拉动的有机融合。全力支持海康威视、网易、新华三、大华股份、吉利、阿里巴巴等企业提升能级,形成数字经济领域的龙头企业集聚,嫁接全球高端产业链,参与全球数字经济竞争。同时,聚焦新一代信息技术,着力突破 5G、人工智能、区块链等领域的"卡脖子"技术,努力打造原始创新策源地。另一方面,提速换挡打造新制造业体系。发挥数字经济领先优势,新一代信息技术加速渗透制造业,加强数字技术赋能新制造业,进行大规模技术改造,提升制造业全要素生产率。2014 年至 2018 年,高新区(滨江)经济总量从 696.03 亿元增长到 1350.7 亿元,增加了 94.06%,GDP 总量稳居全省县(市、区)第一梯队;获授权发明专利数量从 4218 项增加至 8384 项,增长了 98.77%;R&D 经费投入持续增加,从 92.45 亿元增加至 155.3 亿元,增长了 67.98%。[②] 2016 年,杭州高新区(滨江)被科技部火炬中心列

---

① 数据来源:根据滨江区统计年鉴测算而得。

② 数据来源:根据滨江区统计年鉴测算而得。

入建设世界一流高科技园区计划序列;2018年,杭州高新区(滨江)在全国157个高新区(含苏州工业园)中综合排名全国第三,仅次于北京中关村和深圳高新区。

四、"三次成功创业"取得积极成效

从1996年建区以来,截至2018年,高新区(滨江)GDP从87.2亿元增长到1350.7亿元;人均GDP从4.2万元增长到5万美元;工业总产值从244亿元增长到2070亿元,规上工业增加值从55.0亿元增长到573.6亿元;财政总收入从14.8亿元增长到322.8亿元,地方财政收入从5.8亿元增长到164.9亿元;出口总额从7.7亿美元增长到59亿美元;社会消费品零售总额从2.1亿元增长到179.6亿元;R&D经费投入从5.9亿元增长到155.3亿元;自主培育上市公司从10家增长到43家。[①] 经济总量快速增长,发展质量日益提高,产业结构不断优化,为新时代高新区(滨江)高质量发展奠定了基础。

(一)综合实力稳居前列

高新区(滨江)积极对接国家、省市战略,大力推进创新驱动战略、"互联网＋"战略等,培育新兴产业,着力打造"数字经济最强区",调整产业结构、转换动力机制,经济增速保持较好态势。2014年至2018年,高新区(滨江)经济总量节节攀升,总量保持全市前三位,稳居第一梯队,其间持续保持10%以上高速增长,说明高新区(滨江)有着较强的增长动力。2018年,财政总收入322.8亿元,国家高新区技术企业达到904家,数量居全省第一,万人有效发明专利拥有量突破300件,实现浙江省科技进步水平综合评价"八连冠",浙江省工业强县(市、

---

① 数据来源:根据滨江区统计年鉴测算而得。

区)综合评价"六连冠",浙江省县域经济30强评比经济竞争力、发展潜力、创新力"两连冠"。在157个国家高新区综合排名、中国产业园区竞争力100强排名中均列第三。规上工业亩均增加值、规上工业单位能耗增加值、研究和试验发展经费支出与主营业务收入之比、服务业强区(县、市)Ⅰ类地区综合评价均列全省第一。

(二)发展质量稳步提升

一是经济发展质量也不断提升。2014年人均生产总值为21.1万元,2018年高达36.4万元,年均增长10%以上。二是积极践行绿色发展理念,深入推进节能减排工作,科技进步在经济增长中的贡献越来越大,经济发展的效率与质量日益提升。2018年,全区万元增加值能耗仅为0.04吨标准煤。三是体制机制更加高效灵活。秉持"依靠改革可以解决发展的种种难题"的理念,坚持问题导向、目标导向,用足用好国家自主创新示范区先行先试优势,通过建设省级全面创新改革试验区,成为浙江省乃至全国政策创新的策源地。"最多跑一次"改革获中央全面深化改革领导小组肯定,唱响全国。"多证合一""压缩企业开办时间"做法在全省率先试点并推广,"证照分离"改革纳入全国高新区试点。杭州高新区(滨江)还率先探索政务服务数字化转型,实现政务自助服务全覆盖,政务环境居浙江省第一。

(三)数字经济领跑全国

2014年至2018年,高新区(滨江)产业结构从以制造业为主体转向以服务业为主导,符合产业结构高级化的演进轨迹。2017年,高新区(滨江)服务业生产值占生产总值的比重超过50%,占据高新区(滨江)经济总量的半壁江山。不仅如此,全区着力打造"数字经济最强区",始终致力于发展高新技术产业,走出了一条主导产业突出、高新特色鲜明的产业发展之路。2018年,高新技术产业增加值占规上工业增加值比重达97.1%。其中,数字经济产业实现收入3396.1亿元,涌现了阿里巴巴、新华三、海康威视、大华技术、浙江中控、聚光科技等一大批行业领军企业,具备了可以代表国家参与全球竞争的优势,形成了电子商务、智慧互联、智慧物联、智慧医疗、智慧安防、智慧环保等一大批"互联网+"产业集群,电子商务、数字视频监控、宽带接入设备、集成电路设计产业、软件产业、动漫制作的整体水平国内领先,人工智能、集成电路设计、云计算、大数据、生命大健康等前沿技术领域企业快速成长。

(四)创新能力不断增强

创新是引领发展的第一动力,高新区(滨江)以创新为抓手,加大研发投入,创新氛围日益浓厚。全区围绕人才集聚、主体培育、创新投入和生态完善,构建了充满活力的"具有天堂硅谷气质"的区域创新生态。近年来,高新区(滨江)全区R&D经费投入占GDP比例始终保持在12%左右的高水平。在人才引进方面,提出"把人才搞得多多的",每年新增大学生就业稳定在2.5万人左右,其中2018年超过3万人,全区就业人员中大学本科学历占比达58.2%。在浙江省首推海外引才5050计划,累计引进7400余人,近年来每年约1200人。在全市率先实施外籍高层次人才申请永久居留制度。在创业环境方面,坚定不移实施"滨江就是一个大孵化器"。全区拥有市级以上科技孵化器、众创空间49个,其中国家级19个,每年新注册企业超过8000家。2014年至2018年,专利申请数量从6479项增加至15515项,增长了139.5%;获授权发明专利数量从4218项增加至8384项,增长了98.8%。同时,R&D经费投入持续增加,从2014年的92.45亿元增加至2018年的155.3亿元,增长了68.0%。

(五)平台能级显著提高

高新区(滨江)不断优化"众创空间＋孵化器＋加速器＋产业园＋特色小镇"孵化体系,高质量打造智造供给小镇、金融科技小镇和智慧医健小镇。依托大企业、投资机构、国际中介机构、高校等多种专业主体做孵化,围绕数字经济产业需求,做优孵化体系。在平台搭建的基础上,着力推进重大项目。同时,高新区(滨江)城市形态不断优化,始终坚持"绿水青山就是金山银山"的发展理念,推进全域城市化、全域景区化建设,通过加快城市化进程和优质公共资源配置,提升区域综合承载力,形成了现代科技新城的城市形态。城市管理切实加强,实行拆后土地"地长制"及城市管理网格化。同时,城市基础设施加快完善。城市河道、交通、教育、医疗养老、文化体育、商业服务等发生翻天覆地的变化,"国际滨""花城滨"成为杭州高新区的代名词。小学阶段免费课后服务、阳光家园养老中心年轻人陪伴老年人志愿服务等一批民生事业改革,进一步提升市民的幸福感和获得感,践行了"此心安处是吾乡"的情怀。

(六)对外开放提速增效

对外开放是推动高新区(滨江)国际化的重要路径,人才国际化也是助力高新区(滨江)高质量发展的重要基础。2014年至2018年,高新区(滨江)实际利用外资从7.13亿美元增加至8.50亿美元,增长了19.26%,保持着平稳增长态势,说明高新区(滨江)的开放程度越来越高。与此同时,高新区(滨江)进出口贸易也保持较好的增长势头,高新区(滨江)自营出口从2016年的54.41亿美元增长至2017年的58.75亿美元,规模排名跃至全市第二。

五、破题高质量推进可持续发展

高新区（滨江）通过不断完善创新生态环境，成功打造我国第三代区域发展新样本——内生增长的区域创新发展，创新要素不断集聚，创新技术不断更替，创新企业不断成长，创新生态不断完善，最终实现产城融合、持续内生式发展。在此期间，高新区（滨江）走出了一条以人才为核心，以企业为载体，以产业为引领的高质量发展之路。

（一）生态逐步完善，各方共营区域创新的"类硅谷"环境

多年来，高新区（滨江）努力实践着国家科技部火炬中心提出的"国家高新区创新发展战略提升行动""创新产业集群建设工程""科技服务体系火炬创新工程"，成功地将经济发展驱动力从投资转变为创新。实现这一动力转换的关键是营造完备的区域创新生态，不断孕育新技术、新模式、新产业和新企业，推动内生增长。这种创新生态既包含产业生态、创业生态，也包含政务生态和自然生态。高新区（滨江）紧紧依靠企业家和人才，实现企业发展、产业壮大。阿里巴巴带动了整个电子商务的崛起，海康威视、大华股份、宇视科技成就了"全国安防看杭州、杭州安防在滨江"，华三通信、浙江中控等奠定了滨江在网络信息技术领域的制高点，创业软件、医惠科技、丁香园等撑起了"互联网＋医疗"的新蓝海，催生了滨江"无中生有"的数字经济大产业的崛起。

高新区（滨江）积极打造"类硅谷"环境，构筑"苗圃（众创空间）—孵化器—加速器—产业园"的全程孵化链，"大众创业、万众创新"的创新生态圈活力四射。产业集聚已经达到较高水平，区内主导的网络信息技术产业已经形成网络基础产业、物联网产业和互联网产业"3633"发展格局，从最基础的高端网络通信设备制造、信息安全产业到物联

网系统集成、电子商务等互联网应用，已经拥有大量的自主研发技术以及上下游配套企业，在高新区既有阿里巴巴等大块头企业，也有无数科技创新小企业，而且，这些小企业相当部分就是"阿里系、华三系、浙大系"人才创业的结果，小企业与大企业之间有着密切的联系，企业成为真正的创新主体。

（二）改革不断推进，政府完善各项创新服务政策落地

高新区（滨江）坚持问题导向、结果导向，发扬优势、补齐短板，依靠改革创新，努力解决发展过程中的一个个难题，实现了经济和社会事业的快速健康发展。

围绕创新战略，高新区（滨江）不仅转变理念，而且不断通过行政体制改革、科技管理体制改革等举措，创新政府服务方式，提升政府服务效率。从"管家婆"到"店小二"，加大简政放权力度，深耕行政审批制度改革、行政管理体制改革、要素市场化改革。通过建设省级全面创新改革试验区，成为浙江省乃至全国政策创新的策源地。"多证合一""压缩企业开办时间"做法在全省率先试点并推广，"证照分离"改革纳入全国高新区试点。杭州高新区（滨江）还率先探索政务服务数字化转型，实现政务自助服务街社全覆盖，政务环境居浙江省第一。

（三）产城高度融合，多方助推经济社会文化良性互动

高新区（滨江）一直以产城融合为核心，通过促进城乡融合、科技和人文的融合，改变"产强城弱""城乡混合"的城市发展格局，逐步实现产业发展和城市建设协调推进、相互促进的良好局面。以人才为中心、以企业为载体，加速推进产城高度融合。企业发展支撑了城市，高新区（滨江）以企业为载体夯实经济基础、加快人口集聚和城市影响力提升。创业要靠人才，人才也"择良木而栖"，企业发展好，人才纷至沓

而来；人才多了，地方自然充满活力。

高新区（滨江）通过白马湖生态创意城、物联网产业园、互联网经济产业园、智慧新天地以及奥体博览城五个重大平台建设，加快区域产城融合步伐。尤其教卫文体等事业加快发展，新增一批高水准的幼儿园和中小学以及国际化学校，义务教育阶段学校省标准化达标率提升到95％。小学阶段免费课后服务、阳光家园养老中心年轻人陪伴老年人志愿服务等一批民生事业改革，进一步提升市民的幸福感和获得感，践行了"此心安处是吾乡"的情怀。

第二节　打造"浙江资本第一区"的实践

金融是支持实体经济的"源头活水"，加强金融服务实体经济的能力对经济高质量发展至关重要。高新区（滨江）资本体量大、金融业发达，但在破解实体经济资金困难时仍旧存在瓶颈。金融支持实体经济的力度需要加大，金融资源支撑信息经济的力度需要加大，支持实体经济的渠道需要进一步畅通，尤其是需要解决好中小企业融资难、融资贵、融资慢的问题，着力破解中小企业融资困境。同时，企业直接融资占比过低等问题仍然存在。互联网金融快速发展丰富了金融业态，也为企业和居民带来了便利，但当前互联网金融不仅面临着传统金融风险，也面临着监管滞后所带来的风险，防范和化解金融风险的压力依然较大。高新区（滨江）互联网金融发达，致使金融风险不断增大，网贷平台暴雷时有出现，互联网金融风险监管力度有待进一步强化。

一、抢抓科创板契机，跑出企业上市加速度

一是当好"店小二"，精准打通关键"卡点"。紧抓股改、辅导、申报等上市重要环节，紧盯技术、利润、募投方向等上市重要内容，帮助企

业打通上市的各种"关卡"，处理上市过程中遇到的痛点、难点，提高企业改制上市效率。二是当好"联络人"，畅通资源对接渠道。着力完善"科技金融服务中心"，与证监局、银保监局、财通证券以及浙商银行、杭州银行、民生银行等签订战略合作协议，促进金融资源有效对接。三是当好"推介人"，借力投资机构资源，将区内重点企业推介给机构投资者，提高公司市场估值，提升品牌价值，引导更多社会资本支持高新区（滨江）的产业发展。四是当好"培育者"，扩容上市企业梯队。加强与深交所等机构合作，组织拟上市企业高管进行系统化培训，加快重点企业上市步伐，打造一支可持续发展的上市企业队伍。2019年，网易有道、启明医疗、迪普科技、泰林生物分别在海外和创业板上市，安恒信息、虹软科技、鸿泉物联、当虹科技在科创板上市，新增上市企业8家，已累计培育上市公司50家，均列全省第一。

二、完善融资担保体系，拓宽科技金融合作渠道

一是当好"背书人"，提升区属担保公司实力。2019年，将担保公司注册资本由1亿元增资至5亿元，提高担保公司资金实力。同时，优化经营模式，加深与省担保集团、银行机构的合作和交流，探索开展批量担保模式。二是当好"送炭人"，纾解企业资金周转困难。转贷支持盾安集团、东冠集团、中南集团、天夏科技等区内重点企业资金49笔，共计金额34.53亿元；通过股票、股权质押等短期周转支持，给予贝因美集团、普渡科技、睿洋科技、中威慧云、全维技术短期周转资金15笔，共计金额16.04亿元，有效缓解区内重点企业和上市公司大股东短期资金周转压力。三是当好"探索者"，建设国家级创业投资综合改革试验区，重点在创业投资企业合格投资人认定、商事制度改革、创业投资企业与被投企业的股权融资和转让交易、创业投资的税收、合伙企业财产份额质押登记、投贷联动、创业投资的信用建设等方

面进行试点。探索投贷联动方式,整合政府、投资、银行和保险四方力量,探索解决科技型中小企业融资难题新路径。引入科技保险机构,在优化信用贷款风险补偿政策的同时降低财政支出压力,实现多方共赢。

三、深化金融服务改革,优化企业做大做强环境

一是当好"改革者",着力降低企业信贷办理时间。对中小企业和续贷客户,将获得信贷办理时限压减至 10 个工作日以内,申请材料压减至 9 份以内,办理环节压减至 4 个以内。同时,推送"杭州 e 融"平台相关信息,利用信息平台便利企业办事,加速实现"一次都不跑"。截至 2019 年末,高新区(滨江)共注册企业 886 家,完成授权 371 家,完成授信 89 家,授信总计金额 2.29 亿元。二是当好"施肥人",积极兑现支持政策,助力企业茁壮成长。组织各类企业申报上市、融资类政策兑现 2 批次,共计 168 家企业,兑现支持政策总额达 3.23 亿元。三是当好"接待人",积极引入优质金融企业。先后与浙商银行、杭州银行、民生银行等签订战略合作协议,在信息互通、产品创新等方面加强沟通和交流,全面深化政金合作。截至 2019 年末,区内共有银行网点 90 余家,保险公司 17 家,其中省级分公司 3 家。

第三节　打造"浙江资本第一区"的经验

一、精准服务,助推科创型企业借力资本市场

企业上市是推动区域经济高质量发展的重要路径,上市公司数量也是衡量一个地区创新型经济活跃度的重要标志之一,科创板、注册制试点为各地培育上市企业提供了有利契机。高新区(滨江)的实践

表明政府培育上市企业,需要在股改、辅导、申报等上市重要环节给予企业精准指导,排解企业在上市中的痛点、难点、堵点,促进企业借力资本市场,实现做大做强。同时,积极联系外部资源,包括金融投资机构、银行、担保机构等,将重点科技型企业进行有效推介,以"有形之手"充分整合企业与金融机构的资源。

二、循序渐进,打造一支上市企业后备队伍

企业上市是系统性、周期性工程,不能一蹴而就,需要长期跟踪培育。创新是企业逐鹿科创板的先决条件,高新区(滨江)的实践表明地方政府需要聚焦创新驱动,在创新源头、创新过程、创新产出三个供给端发力,培育科技型企业。同时,围绕新一代信息技术、生物医药、智慧城市等高新行业,布局未来先导产业,做大做强高层次企业集聚效应,壮大高端产业规模。在此基础上,对重点拟上市企业加大政策扶持力度,进行有效培育,打造一支多层次、密集型的上市后备企业梯队。

三、多措并举,畅通渠道,纾解企业融资困境

融资难、融资贵一直是中小企业面临的"老大难"问题,借鉴高新区(滨江)的实践经验,地方政府可以从创新信贷模式、强化企业担保等方面下功夫。一方面,鼓励银行建立更多的科技支行,创新资金借贷模式,让中小企业能够以更低的成本周转短期借贷。同时,积极探索投贷联动方式,搭建平台整合政府、投资机构、银行和担保机构等多方力量,为企业融资提供有利环境。另一方面,壮大担保公司资金实力,为有条件的企业提供更有力的担保。在此过程中,依旧需要注意金融风险防范,营造更为健康的金融生态。

四、系统集成,从"最多跑一次"到"最多跑一地"

以"最多跑一次"改革为牵引,利用好新一代信息技术,进一步便利企业办事,将信贷办理时间、办理流程、办理材料等严格控制,降低企业制度性交易成本。在此基础上,将提交、审批等相关环节进行归类合并,不仅让企业"最多跑一次",也使企业办事"最多跑一地"。同时,进一步加大政策扶持力度,包括资金补助、税收优惠等,为企业营造一流的营商环境,全力激发企业干事创业热情。

第三篇　对策篇

第八章 金融制度创新纾解中小企业融资困境的思路

金融制度创新是纾解中小企业融资困境的重要举措,通过组织制度、交易制度、监管制度等方面的创新,能够有效地破解中小企业融资难、融资贵的问题。在各个平台、各个机构、各个地方切实解决中小企业融资难题的实践过程中,也形成诸多可供推广的经验,从金融制度创新而言,还是需要打造好中小金融机构的创新环境,完善金融产品,构建多层次的资本市场等。

第一节 中小企业融资制度创新实践启示

在探索金融制度创新过程中,各个地方从组织制度、交易制度、监管制度等方面进行了大量实践和探索,形成了经验启示。从这些启示中,能够更加明确金融制度创新的重点方向在于民营金融、创新金融及跨境金融等。

一、组织制度创新启示

从浙江省台州市的路桥经验,以及各地城市商业银行等中小金融机构的发展情况,可以很清楚地看到,金融业态越丰富,中小金融机构数量越多,民间资本越充裕,区域内中小企业的融资空间越大,融资困境缓解也就越有成效。因此,针对我国企业融资组织制度创新发展中存在的问题,政府应当在完善法治环境的同时,以完善金融业态为核心,加快发展各类金融业态,加强政策支持。尤其是中小金融机构,在缓解中小企业融资困境中应该起到核心作用。

第一,明确市场地位,完善治理结构。推广台州市纾解中小企业融资困境的路桥模式,明确市场定位,大力推动中小金融机构的发展。对中小金融机构而言,应当根据自身机制灵活、机构新的特点和优势,突出亮点,明确自身的市场定位。在产品定位上,中小金融机构应根据中小企业的特点来设计金融产品,着力开发风险较小、收益相对稳定的中间业务。

第二,降低准入门槛,吸引民资进入。民间资本对中小企业融资具有重要作用,能够有效缓解中小企业融资难的问题。各地政府应该引导民间资本进入实体经济领域,设立更多有竞争实力的、"接地气"的中小金融机构,来充分调动民间资本的积极性。同时,允许并引导有实力的民营企业发起设立中小金融机构,打造地方良好的金融生态环境,让中小金融机构能够充分发挥自身优势,参与区域金融市场的公平竞争,为纾解中小企业融资困境做出贡献。

第三,松绑中小金融机构,创造宽松政策环境。中小金融机构扎根地方,对当地的企业融资需求更加了解,政府应当在中小金融机构发展过程中给予更多、更大的支持。一是加强财税体系支撑,建立符合中小金融结构发展规律的财政支持体系,保障中小金融机构发展;二是为中小金融机构减负,着力取消一批不利于中小金融机构发展的政策规定,如取消中小金融机构增加营业网点的相关限制,允许其自由参加全国同业拆借市场等,真正发挥中小金融机构的作用。

第四,完善法律制度,加大监管力度。中小金融机构规模小,抗风

险能力弱,容易受到冲击。在保障其发展的基础上,也应当加强法律
监管力度,防止出现系统性风险。通过完善法律制度,严格监管体系,
促进中小金融机构的规范经营,促进金融市场的良性竞争,从整体上
提高金融体系的稳定性,维护中小企业的利益。根据其优势特点和实
际情况,监管部门应当着手研究如何规范监管规则,营造公平的竞争
环境。

二、交易制度创新启示

从我国中小企业融资交易制度创新的经验看,大胆创新,降低企
业交易成本,加快融资平台的建设,创新平台交易种类,鼓励中小企业
直接融资,是天津股权交易所、浙江股权交易中心、淄博齐鲁股权托管
交易中心等发展迅速、成效卓著的主要原因。所以说,中央政府以
及各级地方政府的主要任务应当是以鼓励创新为核心,推动国家级
股权交易平台和地方股权交易平台模式创新,扩充债券类交易平台
建设。

第一,应该加快中小企业股权融资平台制度创新,尤其是区域性
的场外交易平台的发展。推广浙江股权交易中心、天津股权交易所、
淄博齐鲁股权托管交易中心拓展中小企业融资平台的创新实践经验,
鼓励地方股权交易平台拓展股权交易、私募债券、小额贷款公司定向
债、优先股融资等多种融资方式。

第二,应该大力鼓励创新中小企业债券发行系统。通过一级市场
使部分中小企业通过直接融资获得所需资金,这些中小企业必须具备
一定的条件,但是可对优质企业放宽相应条件。

第三,应该发展中小企业创新型股票发行制度。应积极发展中小
企业创业板市场,鼓励具备条件的中小企业在创业板市场上市融资。
通过公开上市,增强中小企业的影响力并进一步完善中小企业的治理

结构,为商业银行提供进一步融资服务创造有利条件。

第四,应该进一步关注产业集群为中小企业直接融资提供的良好平台。以产业集群促进中小企业整体"抱团"发行债券,或是直接上市,纾解中小企业融资困境。

三、监管制度创新启示

从我国当前大力推动企业融资保障制度创新的经验来看,包括温州金改、珠三角金改、泉州金改在内的国家层面金融制度改革其实都存在着力度不够、步伐缓慢的问题。究其原因,主要还是区域经济环境与区域金融环境不匹配带来各种风险,导致各级政府在出台和实施政策时会有顾虑。而反观台州市路桥区自下而上的中小企业融资制度创新进程,则取得了非常好的效果。可以说,在今后的金融制度创新发展中,应该积极总结国家和地方层面的改革经验,坚持以地方政府为主导的中间扩散型制度创新。在这种变迁方式中,地方政府的介入,会使微观主体的金融制度需求得到较大的满足,从而加速市场金融制度的实施步伐。

第一,区域金融制度改革应当坚持以地方经济发展为主要依据。从温州金改的实际经验来看,本地经济发展在很大程度上制约了金融制度的创新效率,导致金融改革步伐停滞。

第二,鼓励地方政府结合本地实际推出各项有针对性的中小企业融资制度。从温州金改、珠三角金改、泉州金改以及上海自贸区的进展看,中央政府在大的政策框架下,应该鼓励地方政府结合本地实际,分步骤、有针对性地逐步推出各项金改政策。

第三,应该加快金融监管体系的完善。从监管机构、监管法律和监管机制上进行完善,理顺各级监管机构的权限,提高监管效率。

四、制度创新重点领域

第一,民营金融。强化对民间资本的引导作用,着力激发多元化市场主体的创新活力,完善金融市场的准入退出机制,鼓励支持民营企业通过多种方式发起或参与设立各类金融机构及新兴业态,打通中小企业的民间资本融资通道:一是降低民间资本准入门槛,二是构建民间资本进入退出机制,三是保障民间资产的合法权益,四是完善民间资本引导机制。

第二,创新金融。加快金融与现代信息技术、新兴产业的融合,衍生出符合时代发展趋势的金融新业态、新模式,延长金融产业链,创新金融产品和服务模式,大力发展科技金融和互联网金融,培育衍生金融新业态和新型要素交易平台,为中小企业融资提供良好的融资渠道:一是创新银行和非银行金融机构的金融产品和服务,优化创新环境,二是大力发展各类金融业态,包括网络金融、科技金融等新兴融资方式,三是发展各类融资平台,全面推进多层次资本市场体系建设,实现金融业从单纯资金要素保障向综合金融服务功能转变,加快构建产融良性互动、共生发展的新格局,更好地满足中小企业融资需求。

第三,跨境金融。加快金融市场开放是金融高质量发展的必然要求,也是更有效地建设现代经济体系的必然趋势。政府应当持续拓宽跨境资金融通渠道,尤其是要完善跨境资产交易机制,加快构建实力强劲的跨境金融业务平台,以此来优化中小企业融资环境:一是创新跨境资本流动制度,譬如金融业应当对有实力的符合条件的民营资本和外资金融机构开放,并且支持在区内设立外资银行和中外合资银行,丰富现有的金融机构体系。二是加强跨境资本流动风险监控。跨境金融发展势必带来不可预期的风险,这就需要应用反周期措施、结构政策和资本管制等政策工具,减少跨境资本流动的负面影响。

第二节　中小企业融资制度创新供给主体

基于前面的研究与分析,可以归纳出我国中小企业融资制度创新的主要方向。政府是政策的制定者,也是推动制度创新的决定性力量。当前,我国制度创新以政府供给为主导,通过政府的力量来加速推动政策落地,从而实现制度创新。但是局部地区的金融制度创新实践也证明,需求引致型的金融制度创新正在逐渐发挥作用。如何根据不同制度供给主体的特点,有序推动我国中小企业融资制度创新,纾解中小企业融资困境,是各级政府未来的重要任务。

金融制度供给主要可以分为三大类(见表 8.1):一是政府主导的正规金融制度供给,诸如我国的国有银行制度、农村信用社体制等。二是非政府主导的正规金融制度供给,这些金融制度供给形式是市场选择的结果,起源于金融交易的自由合约选择,带有很强的市场特性。三是非正规的金融制度供给,这些金融制度供给已经被人们普遍使用,但未获得法律法规的承认,诸如互助会、私人借贷、合作基金会等。针对不同的制度供给主体,因其所处环境不同,应该设计一条好的创新路径,以改善我国中小企业融资环境,纾解中小企业融资困难。

表 8.1　中小企业融资制度供给与创新路径

	政府主导的正规金融制度供给			非政府主导的正规金融制度供给	非正规的金融制度供给
供给主体	中央政府	地方政府	监管机构	银行,以及信托、租赁、小贷、基金、财务公司等非银行金融机构	个人、互助会、合作基金会等

续　表

	政府主导的正规金融制度供给			非政府主导的正规金融制度供给	非正规的金融制度供给
创新重点	1.完善法律法规 2.完善征信机制 3.创新交易平台	1.金融业态多元化 2.拓展区域融资渠道 3.打造区域征信平台	1.改革监管机制 2.整合监管职能	1.创新组织机制 2.创新融资产品 3.创新服务机制	1.民间借贷的合法化 2.民间组织的正规化
创新目的	创造公平、公正、公开的竞争环境,保证金融资源的均衡配置	促进区域金融生态的最优化、金融业态的多元化	逐步放松行政性的金融管制,创造市场化的监管氛围	为中小企业提供最优融资产品,提高金融资源利用效率	作为正规金融的有效补充
创新约束	1.区域经济结构不平衡,导致统一政策实施困难 2.金融法律体系不完善,阻碍制度创新 3.经济金融体制性障碍带来的创新成本高昂	1.地方金融生态环境有待改善 2.地方政府权限有待放宽 3.地方融资需求和金融供给的不匹配 4.企业运营不规范带来的风险	1.监管机构政出多门,影响审慎监管的效率 2.监管的内容狭窄,对金融机构日常经营的风险性监管不规范 3.监管方式单一,外部监管为主	1.市场定位不准确,经营方式落后 2.产权界定不清晰,法人治理结构不健全 3.国家政策支持存在歧视,无法实现跨区域发展	1.地下交易过多,导致监管成本太大 2.非正规融资行为,导致企业融资风险过高

一、中央政府

作为中小企业融资制度创新的顶层设计者,中央政府是我国中小企业融资制度创新的主导力量,在外生性融资制度创新方面应当恰当定位和积极作为。回顾我国经济体制改革的历程,政府在制度创新中起到了决定性的作用,可以说每项经济制度创新,政府都起到了至关重要的作用,不仅主导着制度创新的方向,也决定着推进的具体路径。中央政府推行的制度既要遵循与市场保持一致的原则,又要起到弥补市场失灵的作用。政府的这种恰当定位是其推进制度创新的前提,在恰当定位的基础上,应逐步鼓励以地方政府为主导的中间扩散型制度创新,营造一个适宜配套的环境,为金融创新提供适宜的市场环境。

第一,中央政府在推动融资制度改革过程中,注重监管制度改革,取消各种政策性歧视,使各类金融机构在同一政策条件下自主经营、自求发展。中小企业融资门槛较低,会造成恶性竞争,所以中央银行和有关部门应努力营造良好的金融环境,制止金融同业之间的恶性竞争,为各类金融机构创造一个公正、公平、公开的竞争环境。

第二,中央政府在推动地方融资制度创新过程中,应注重顶层设计,将具体改革权限下放地方政府,保证地方政府根据本地实际情况制定创新政策。金融改革是一个全局性的概念,试图从某一局部区域进行创新,推动融资制度改革,存在很大的困难。实践证明,包括温州金改在内的试验区创新发展历程,并未取得很明显的效果,企业融资困境并未得到真正纾解。中央政府应将制度改革重心放在为不同特点区域经济提供一个通用的金融制度环境。此外,在试点金融改革试验区推广中,应避免一拥而上,改革试点不宜过多,否则可能打乱金融改革的整体布局。

第三,中央政府在推动融资改革过程中,结合经济实际状况,开启民间力量,淡化政府或国资背景,避免行政力量对金融市场的过度干预。中央政府在推动融资制度改革时,要充分发挥市场力量,运用恰当的制度变革,顺应市场机制,引导资金流向合适的经济主体。

二、地方政府

地方政府在地方金融市场中发挥着主导性的作用,主要有如下原因:一是在垂直性管制下,地方政府与金融发展具有一致性目标;二是地方政府拥有组织和信息优势,能够引导相关的产业集聚并发挥协同效应。所以地方政府在产业引导、规划和培育的过程中,必然要发挥好金融产业在其中的支撑作用。不同地区比较优势不同,经济基础、产业结构等各不相同,这势必要求金融产业配套、金融环境等方面也要适应地方经济和产业的发展趋势。

第一,地方政府要充分发挥积极性及能动性,依托自身的政策、信用、资源和平台等优势,按照地方经济发展和产业升级的要求,对金融制度进行创新,以此来培育多元化的金融业态。在此过程中,地方政府需要着力做的事情在于构建良好的金融发展环境,包括政策环境、人才环境、法律环境、诚信环境等,以此来构建良好的金融生态,促进中小企业融资。从长远而言,还需要制定合适的金融发展规划,制定完善的金融法律法规。

第二,地方政府在缓解中小企业融资困境的创新实践中,应大力拓展区域股权和债权交易的融资渠道,搭建符合当地经济实际的区域融资平台。从各地实践来看,构建完善的区域企业融资平台,可以为当地中小企业提供良好的融资渠道,并且也有利于控制融资风险,构建一个优异的区域生态环境。

第三,地方政府应当加强信用环境建设,着力建设地区性的征信制度和体系,推动区域金融生态环境的完善。尤其是随着互联网技术的不断发展,建立信息交换和共享平台,尤其是建设联合征信数据库和信用服务数据库,以此来推进征信体系建立,这十分重要。在此过程中,需要做好政府联合监管系统、互联网信用信息系统等建设。

三、监管机构

第一,建立集中监管信息平台。对控股公司的监管,要利用好互联网技术,创造条件加强监管部门与监管对象之间的信息对称,构建起相应的监管平台,尤其是对控股公司的集中监管。借助监控技术的升级,监管主体可以重点对经营单位的资金流动性进行监控,特别是对企业带来不利影响的因素进行监管,防止风险发生。对于中小企业、中小金融机构,都需要进行强有力的监管。

第二,逐步放松行政性的金融管制。一方面,坚持市场化的改革方向,增强金融发展的规范性和有效性,对不同市场采用不同的模式以进行有效监管。另一方面,增加金融监管的法治化水平,以金融法律来替代行政性的金融监管。

四、金融机构

作为非政府主导的正规金融制度供给的主体,包括银行、信托、租赁、小贷、基金、财务公司等在内的金融机构创新的主要立足点是组织创新、产品创新和服务创新。

第一,探索新型金融机构模式,充分借助民间资本的力量,扩充金融机构数量,提高金融机构竞争力。中小金融机构是纾解地方中小企业融资困境的重要主体,城市商业银行、农村商业银行、小额贷款公司等中小金融机构主体应当扎根本地,服务地方中小企业。尤其是要突出特色,提供差异化的服务、特色化的产品,避免一味地扩大地区范围。同时,加快金融创新,采取适合中小金融机构发展的激励体系,在发展中小企业的同时,也实现自身的发展。

第二,金融机构要着力做好金融服务,尤其是提供差异化、特色化的金融服务。针对不同行业、不同规模的企业,提供不同的金融产品。一方面,对现有产品进行全方位的系统性梳理。根据市场特点和区域内不同的服务需求,对现有的产品进行梳理和组织,推出更多符合中小企业融资需求的产品套餐。另一方面,创新融资产品和业务流程,使得融资产品能够更好地满足中小企业融资的需求。同时流程优化,要着力简化审批时间,降低中小企业的融资成本。

第三节　中小企业融资制度创新重点方向

经济转型背景下,需要确定中国金融组织变革、金融产品引入、金融市场拓展、金融监管加强等制度创新的新思路、新路径和新战略。当前,中小企业融资客观存在的供需失衡根源在于制度约束,只有通过制度创新,充分调动各种金融资源要素,使中小企业金融服务的供给边界不断扩大,才能从根本上解决中小企业融资问题,进而推进中小企业融资制度创新。围绕市场化原则、效率化原则和经济协调化原则三大原则,满足中小企业快速发展的内生需要,以金融机构创新为主导,实现融资渠道的多元化、实现融资流程的高效率为目标,以"打造中小金融机构创新环境、完善金融产品创新政策环境、优化多层次资本市场的体系、构建中小企业融资信用体系"等作为中小企业融资制度创新的重点方向,才能真正纾解中小企业融资困境。

一、打造中小金融机构创新环境

第一,调动积极性。对于现有金融机构而言,需要全方位调动服务中小企业的积极性,引导金融机构建立专业化机构来服务中小企业的融资。一方面,应当设立专门机构或者专业人才来保障中小企业融资,有专业的业务人员能够主动对接中小企业,了解企业的融资需求,从而设计产品为企业提供更好的融资服务。另一方面,应当优化业务流程,使得流程更加合理,包括改进业务流程、缩短流程时间、提高审批效率等。在此过程中,一定程度上可以放宽信贷的担保范围,创新担保形式,建立起专门服务中小企业融资的经营体系,能够打造好业务、管控好风险,使得中小企业融资更加便利。

第二,引进民间资本。从当前发展来看,民间资本体量大,容易引导,可以作为纾解中小企业融资的重要力量。所以,应当鼓励和扶持民间资本设立小额贷款公司、村镇银行等金融组织,放开民间资本进入金融业的条件。在此过程中,也应当管控好民间资本的风险,防止出现系统性风险。

第三,建立中介机构。从政府导向和市场导向的两种类型出发,建立金融中介机构。在此过程中,需要利用好担保公司等第三方中介服务公司的重要作用,使得金融市场更加完善。要充分保证中小金融机构的创新效率,就需要在现有基础上健全金融中介机构的建设,完善中介机构的服务作用。建立多元化及有效的金融中介服务体系,不仅有助于经济体系应对金融危机,对繁荣地区经济、推动资本市场的活跃和发展也有十分重要的意义。

二、完善金融产品创新政策环境

第一,加强一体化的融资模式创新。将政府、银行、企业、担保公司、中介机构以及社会各类投资者等作为综合考虑主体,引导这些主体广泛参与,建立起全方位、一体化的融资模式。建立"银行＋政府＋担保＋保险＋创投＋券商"的业务发展模式,把有限的金融资源配置到推动经济发展方式转变的中小企业中。中小企业融资难问题是世界性难题,仅靠单一结构是无法解决这一难题的,需要政府集合政府、企业、金融机构和社会各界的合力,统筹兼顾,综合治理,在此过程中要进行联动来创新相应的金融产品。一方面,着力引导金融机构转变经营策略,明确金融机构要提高对中小企业的信贷比例。另一方面,还要鼓励和引导政府、银行、企业、中介机构在金融产品和信贷方式上大胆创新,积极推动建立对中小企业信贷业务拓展的正向激励机制,创新融资模式,完善中小企业信贷长效机制建设。

第二,加强集合融资的模式创新。在现有法律、政策框架下,地方政府对社会资源和经济资源具有调节功能,所以在中小企业融资问题的纾解中,需要发挥好联合申请、联合担保、责任共担的集合融合模式。中小企业已经成为推动地方经济社会发展的关键力量,在就业、税收等方面都做出了重要贡献,地方政府应当加大力度支持中小企业,为他们提供良好的投融资平台,同时要设计好体制机制,为中小企业融资难题提供解决路径。更为重要的是,金融市场的优化需要市场和政府两只手共同推进,充分将政策意图和市场化运作方式有效结合,从而为实现中小企业融资困境的纾解提供新的工作思路。

第三,加强互动贷款的模式创新。风险投资是企业创业初期获取资金的重要来源,而创业投资与商业银行配合的模式不断兴起,能够有效解决企业融资的困境。一方面,创业投资机构助力地方创新创业发展,能够为企业进行创新活动提供前期资金保障,并进行强有力的孵化支持,能够较好地消除科技与金融"两张皮"的问题。另一方面,银行为风险投资机构提供资金来源,能够助推风险投资机构做强做大,从而更好地为中小企业服务。通过与股权投资机构和券商合作,为其提供股权融资服务,形成商业银行、私募股权投资基金、券商三位一体、共同服务于创新型中小企业的平台。

三、优化多层次资本市场的体系

第一,着力构建多层次完善的融资市场。一方面,着力扩大直接融资,建立起多元化的融资体系。通过丰富中小企业融资渠道,扩大直接融资,这对促进中小企业进一步发展具有重要意义。另一方面,完善资本市场。加大中小企业板、创业板及场外市场服务中小企业的力度,并将服务市场进行全面扩展与深化。

第二,加快对接科创板。科创板的建立是完善我国金融市场的重要举措,尤其是试点注册制,更能够激发创新创业的活力。对于中小企业融资,可以采用集合债权、私募债等来募集资金,同时科创板的成立为中小企业,尤其是高科技型中小企业提供了途径。不仅如此,深圳等地对于引进的人才会进行有效补贴,从而提高人才的留住率,为深圳发展服务。

四、构建中小企业融资信用体系

第一,明确产权关系,确保中小企业信用能够持续发展。加快在制度层面明确企业产权关系,确保企业自身能够持续、稳定、健康发展。只有明确了企业产权关系,才能在此基础上构筑产权交易平台,积极引导中小企业进场交易,为发展势头良好的企业提供相应的融资服务。为了保护企业权益,应当尽快出台《产权转让法》,能够明确中小企业融资困境纾解的产权转让、转让管理以及双方的权利和义务等。与此同时,要从法律层面来维护产权关系的明确性,研究制定相关法律法规,以此来保护中小企业的产权转让,使中小企业融资过程中涉及的产权交易有法可依、有章可循。

第二,完善财务法律和法规,加强企业财务管理,提高企业的财务管理水平和信用水平。《会计法》《注册会计师法》《总会计师条例》《注册会计师法实施条例》等法律法规为保障金融产业高质量发展奠定了法制基调。一方面,要加大法律宣传力度、执行力度,努力提高从业人员的专业素养。建立健全会计法律法规监督检查制度,不断探索推进会计法律法规实施的新举措和新方式,加强会计法律法规贯彻执行情况的监督检查,确保会计法律法规的贯彻落实。另一方面,需要加强专业化人才的培养,以此来提高企业财务管理水平。通过财务法律和法规的完善,企业财务管理的加强,为企业信用体系的构建提供支撑。

第三,着力建立长效的沟通机制,完善信息披露制度,减少金融市场的信息不对称。一是利用好互联网技术等,加强政府机关的监管责任,对中小企业的信息披露进行有效监管。在此过程中,需要根据地方实际,并结合相应的国际经验来进行有效的处理。二是充分完善企业内部管理。中小企业规模小,管理体系相对来讲比较落后。这就需要政府、金融机构进行有效引导,从而完善中小企业内部管理,尤其是财务管理。在此过程中,政府应当提供无偿帮助,使得中小企业能够更好地发展,并且达到审计所规定的财务要求。三是注重中介机构的作用。金融市场存在较严重的信息不对称的情况,尤其是在信息披露上,所以要充分重视金融中介机构的作用,利用好信息披露机制,使得中小企业融资征信体系更加健全,融资流程更加便利。

第九章　金融制度创新纾解中小企业融资困境的对策

第一节　以改革金融法律为前提完善监管制度

以建立健全金融法律规范体系为核心,加快制定金融法律、行政规范,并对不适合的相关法律进行修改调整,使金融法律体系能够满足中小企业融资发展的需求,推动金融改革和金融创新,真正保证资金通道的畅通。一方面,要完善金融机构风险防控和实现金融稳定的法律基础;另一方面,要抓紧推动相关规划立项工作,努力探索多层次资本市场建构与完善的路径机制,提供依法监管和合规实践的制度保障。

一、修缮商业银行法律制度

优化商业银行综合化经营的法律环境,支持商业银行开展综合化经营,与此同时,从法律层面,加快简政放权的步伐,明确相关行业监管机构具有相应的审批权限,能够制定相关的监管细则,从而明确行业准入退出标准、监管标准等。只有从法律层面对金融机构的经营规范、监管部门的职权划分等方面做出明确定义,才能保证金融界内的各单位能够做到有序运营。

第一,市场准入法律制度的完善。一是完善机构准入机制,提高法定资本金的准入要求。借鉴美国"沃尔克法则"对商业银行的规模进行一定的限制。二是完善业务准入机制。首先,制定一部专门对其进行规制的法律,明确金融控股公司的设立程序、业务范围、监管机构、与股东之间交易的类型及相互之间责任的承担,将其纳入法律监管的范畴。既可为银保监会对银行的多元化业务进行监管提供确定的法律依据,又可保证银行发展的秩序与活力。其次,可以借助此法的颁布,设立一个类似于美联储的综合性监管机构,负责空白地带的监管和各监管者之间的协调。

第二,信息披露法律制度的完善。一是提高立法的效力层级。结合上市银行信息披露的规定对非上市银行相关的义务规定进行整合。二是明确这些银行的披露义务和股东、消费者及其他利益相关者的权利,然后将整合的内容在信息披露办法中加以确认。在《商业银行信息披露法》中对消费者的知情权和商业银行的义务进行细化和明确。参照我国《证券法》中有关虚假披露赔偿责任的规定,在上市银行证券欺诈相关民事诉讼不断完善的基础上,建立有关信息披露的民事赔偿机制,让非上市商业银行也承担不履行或不当履行信息披露义务的民事责任。

第三,市场退出法律制度的完善。制定《金融机构市场退出法》,包括商业银行在内的金融机构的改革落后于一般企业,公司治理结构并不完善,市场运作程度还没有达到一般企业的水平,适用《破产法》会出现问题。因此,制定《金融机构市场退出法》是当下最为妥善的做法。细化有关标准和程序。接管和撤销是目前我国的市场退出法律制度中最有可能采取的两种措施,可以借鉴美、德等国的相关立法,细化接管条件。

二、健全直接融资法律制度

直接融资是中小企业融资的重要渠道,法律制度完善能够更好地保障中小企业融资。从现行法律来看,中小企业直接融资的立法体系包括法律层面、行政法规以及部门规章及地方法规。法律层面,包括《中小企业促进法》《公司法》《证券法》《合伙企业法》《保险法》等;行政法规主要是由国务院出台的各类涉及直接融资制度的规范性文件,包括《企业债券管理条例》《国务院关于进一步支持小型微型企业健康发展的意见通知》《国务院办公厅转发科技部等部门关于建立风险投资机制若干意见的通知》《国务院办公厅转发国家经贸委关于鼓励和促进中小企业发展若干政策意见的通知》等;部门规章及地方法规主要是由各部门、各个地方所制定的关于中小企业融资的相关法律或政策性文本,包括《中小企业发展专项资金管理暂行办法》《关于推动科技型中小企业融资工作有关问题的通知》《关于中小企业信用担保、再担保机构免征营业税的通知》等。现有法律体系已经构筑起了中小企业融资的保障体系,但不可否认,部分法律存在着条款过旧、重复性强的问题,甚至相互矛盾,完善现有法律体系,对于进一步松绑中小企业融资、优化中小企业融资环境具有重要的意义。

第一,强化信息披露制度。一方面,应加强现行监管法律制度的建设,明确监管机构的监管责任、市场主体的自律义务,采取多手段齐头并进的监管方式,把监管落实到实处。另一方面,应该不断完善退出机制,建立多层次的退市制度,使得企业退出有路可循。同时,明确规定经营状况不佳,在对其重点指正后仍无法达标的上市公司及时退出创业板的机制。为了降低投资者的风险,必须完善信息披露的法律制度,硬性规定上市公司主动披露与公司业绩、投资者投资有关的一切信息,并确保披露的信息真实、可靠、及时,否则上市公司应承担相应的刑事责任；明确中介机构、保荐人、主承销商的法律责任，其不仅应对自己已发表的意见负责，还应承担持续的信息披露的义务。

第二，完善信用评级制度。进一步完善企业债券的准入机制，取消所有制限制和规模限制，重点考察企业的盈利能力、资本负债率，以此满足企业对资金的多样化需求，让非法人企业与法人企业享有同等的发债权利，也能够拓宽中小企业的融资路径。改变对债券的严格的利率管制，实行市场化利率，给予发债企业自主权，让其根据自身的规模、融资需求、发展潜力等具体情况决定债券发行的利率。以法律的形式明确信用评级制度是企业债券发行的必经程序，同时亦应保证评级机构的独立性以及加强对评级机构的有效监管。

三、完善企业征信法律制度

2013 年 1 月 21 日，国务院发布了《征信业管理条例》，意味着我国正式迈入了征信业法治化时代，企业融资征信管理有法可依，对于我国征信业高质量发展具有重要意义。但不可否认，我国征信业起步较晚，即便是《征信管理条例》出台推动了征信业制度更加完善，但在具体内容、具体规定上仍旧存在诸多需要改进的空间。譬如，从事征信业的机构究竟包括哪些，信用评级机构是否属于征信机构，信息采集者、信息提供者所需要承担的责任有哪些等，界定还未充分明确。

第一，在信用信息使用上需要进一步进行规范。随着信息时代的到来，信息泄露事件时有发生，而且呈现日趋严重的态势。信用信息对企业和个人而言都至关重要，但现有法律对信用信息使用的规范还有待进一步完善。所以，征信法律规范完善需要充分明确经济主体信用权、商业秘密等，明确各级行政部门在信用信息使用中的权限。同时，也要加强信息合作，打破信息孤岛，促进信息更好地流通，既要互联互通，又要加强保护，对法律规范提出了新要求。

第二,要在信用管理上进一步完善法律法规。当前,我国信用管理的法律规范和条例主要包括了《企业信用管理法》《个人信用管理法》《公平使用信息法》等,使得社会征信更加有保障。一方面,对于信用管理需要建立起相应的信用资源网,能够打通信用信息共享的资源网,让企业能够快速找到企业征信信息,为中小企业融资提供便利。另一方面,信用信息管理还体现在维护信息的安全稳定上,避免信息外泄等问题。应设计相应的技术路径、制度约束,对信用信息进行有效保护。在此基础上,还要加强信用信息滥用的处罚力度,真正规范好征信市场的发展,让企业能够享受到平等的环境。

第三,要在市场主体信用权制度上进一步健全。信用信息使用的主体应当是市场化的主体,所以对于信用权主体需要进一步规范和完善。一是要建立起征信系统和信用的测量、公示机制,让市场更加规范。二是要建立选择机制,除让背信者失去市场、失去交易机会,还要加强相应的执法力度。三是要建立背信者市场进入的高成本制度以及信用的转移制度和配套机制,更好地完善征信市场。

四、修订民间借贷法律法规

民间借贷是丰富中小企业融资的重要途径,能够激发民营企业的"融资活性",缓解中小企业融资难、融资贵的问题。但从现在规范民间资本的法律法规而言,尚未有成体系的民间借贷法律,关于民间融资的法律散布在《民法通则》《合同法》以及最高人民法院《关于人民法院审理借贷案件的若干意见》《关于确认公民与企业之间融资行为效力问题的批复》《非法金融机构和非法金融业务活动取缔办法》等文件当中,难以满足民间借贷快速发展的需求,建立规范的法律体系势在必行。

第一,制定体系化的民间融资法律法规。保证民间借贷规范化发展,关键在于根据民间融资的特点,制定一部能够与之相适应的《民间融资法》,保障民间融资的可持续健康发展。在法律规范中,应当充分明确民间金融的合法地位,使其与非法金融、金融犯罪区分开来,能够使得民间融资在纾解中小企业融资困境中发挥应有的作用。同时,要明确民间融资的用途、期限、利率等,使得民间融资得到更好的监管,防止系统性金融风险的发生。在立法模式上,可吸收民间融资活动长期形成的交易习惯及自律性规范,节约立法资源,降低立法成本。

第二,加强民间融资的法律监管。民间融资具有盲目性、趋利性等特征,民间融资的无序发展将会对整个经济、金融发展带来系统性风险,不利于中小企业融资甚至整个金融市场的稳定发展,所以对民间融资的监管十分必要。这种监管不仅需要监管部门来规范融资规模、业务类型、融资模式等,更需要从法律上进行有效规范。譬如,对规模大、业务广的组织应当采取严格的风险控制机制,对规模较小、业务较窄的组织则可应用民事法律进行约束,使得民间融资向着理性、稳健的方向发展。

第三,充分发挥民间融资的行业自律管理能力。行业协会是发挥企业自律能力、保障行业规范发展的重要补充力量,民间融资的规范也可以加强行业协会的自律能力。民间融资的行业协会是民间融资机构表达自己利益的重要主体,而在规范民间融资中也要起到不可替代的重要作用。譬如,农村民间金融的发展过程中,就需要行业协会来沟通信息、加强自律,降低信息不对称性,降低金融风险,使之能够更好地符合经济发展规律、金融发展规律,以此来规范农村民间金融的自由有序发展。因此,我们在构建民间融资监管制度时应认识到民间融资的行业性自律组织在监管民间融资中的重要作用,赋予其一定的监管职权,补充民间融资的法律规范,丰富民间融资的监管、管理、规范路径。

第二节 以激励相容为原则拓展机构内生动力

虽然中小企业从银行贷款相对困难,但银行信贷依旧是中小企业获得资金的主要途径。尤其是地方中小城市商业银行,由于扎根本地,对本地经济发展状况以及中小企业发展现状有着较为清晰的把握,所以中小商业银行应当成为中小企业融资的支撑力量,台州路桥区泰隆银行为纾解中小企业融资困境而做的创新可以带来以下三点启示。

一、降低银行最低信贷限制,缩短资金审批发放流程

对于中小企业而言,所需要的资金量往往较小,但是资金需求比较紧急,具有"少而快"的特点。所以中小商业银行在对中小企业发放贷款时,应当不断下沉服务,降低最低贷款标准,以满足低要求的资金所需。同时,中小商业银行可根据中小企业已有的信贷记录,适当简化行政审批手续,缩短资金到位时间,从而切实便利中小企业。

二、增加中小银行社区网点,成立信贷业务服务中心

中小企业已经占据企业的绝大多数,而且遍布地方各个区域,所以中小商业银行可在不同区域成立网店,尤其是在社区以及农村地区,以此便利中小企业。同时,中小商业银行可成立中小企业信贷业务集中处理中心,通过批量化的处理来加快处理进度,标准化业务处理,减少因为不同支行、不同人员处理所带来的错误。

三、创新各类融资信贷产品,加速网络银行运行发展

中小银行已经通过推出各类产品满足中小企业差异化的融资需

求,但是这些服务创新必须摒弃同质化的倾向,应当根据不同地区、不同企业特性等因素推出各类融资信贷产品。同时,应当加快网上银行建设与发展,通过网络化的便利条件来简化中小企业信贷的流程,尤其是把金额小、周期紧、信誉好的中小企业业务在网上"一键式"处理,真正做到便利中小企业。

第三节　以激活民间资本为外援,丰富组织体系

激活民间资本对中小企业融资具有重要作用,但引导、利用民间资本的关键在于消除民间资本的风险,着力点在于构建起合理的准入退出机制。为此,应以新一轮政府职能改革为契机,继续松绑民间资本,放宽准入标准,打通民间资本进入中小企业融资渠道,充分发挥民间资本作为社会资本"活性细胞"所发挥的"融资活性"。与此同时,应该加强对民间资本监管力度,一手促放权,一手抓监管,实现"准入"与"风险"两不误。

一、放松民间资本准入门槛

村镇银行依托地方,对于地方中小企业了解全面,是完善中小企业融资体系的重要补充,能够提高金融市场的规模,并且降低中小企业的融资成本。鼓励和支持村镇银行发展,关键在于允许民间资本进入,放开村镇银行发展的条条框框,鼓励和支持村镇银行的发展,需要放宽村镇银行的金融市场准入条件,鼓励有条件的自然人、法人作为主要股东发起设立村镇银行。为了促进村镇银行的发展,必须同时加强对其的监管,制订合理的资产负债率水平和资产负债管理规则,以降低其风险。与此同时,小额贷款公司是利用民间资本的重要途径,也是服务中小企业融资的重要民间金融机构。鼓励小额贷款公司"收

编"民间资金,将有助于制订长远的经营计划,保证民间资本流入实体经济,缓解中小企业的融资难题。对于小额贷款公司的发展,亟需在法律体系中充分明确规定小额贷款公司的定位,即小额贷款公司是主要向中小企业提供贷款的机构,并且适当地拓宽小额贷款公司的资金来源,允许其在规定的范围内吸收地方政府的财政资金和民间资本。但是为了防止小额贷款公司的"高利贷"行为,防止民间资本不稳定所诱发的风险,必须对其利率和经营范围进行严格的限制,充分用好民间资本。

二、构建民间资本"进退"机制

制定民间金融的市场准入准则,必须要对准入的标准、方式和时机有一个准确的把握。

第一,制定明确的规章制度,对于进入者的主体资信、股权分配、注册资本额等方面制定详细的准则。在此过程中,单个股东的份额不能太高,防止个体操纵金融机构的经营与决策。金融机构的资本总额、资本充足率、资本流动性应该达到合理的标准,以隔离产业资本和金融资本之间的风险。

第二,为了防止民间资本进入所带来的风险,一方面要鼓励民间资本的进入,另一方面,也不能将民间资本的进入门槛放得过低。可以采用试点的办法来进行,在一些地方放开民间资本进入门槛,进行积极试点与探索。

第三,在明确了各部门审查批准的权力范围、具体时限以及相关的监督措施之后,应该按照不同地区的差异,将试点推广。

第四,要健全市场退出机制与风险隔离机制。应该明确银保监会在民营银行设立和终止过程中的监管地位。

三、保障民间资产的合法权益

私有财产保护是民间资本进入中小企业融资领域的重要基础,只有私有财产得到足够的保护,民间资本才有动力促进中小企业发展,所以在法律条款中应当增加关于私有财产保护的相关条款。

第一,在构建民间金融机构的相关政策中,取消对民间资本自有产权的限制,鼓励民间资本自主经营、自主决策。

第二,加强民间资本的监管,需要对民间资本的市场准入、组织形式、财务制度和业务经营等监管制定具体的细则。

第三,建立民间资本投融资的信息披露制度,通过信息披露来了解资本的应用情况,提高民间资本利用的透明度,将其规范化、法制化,从而来降低中小企业融资的风险。

四、完善民间资本引导机制

加强对民间资本的引导,使得民间资本能够更好地服务业中小企业融资,以此来有效纾解中小企业融资困境。

第一,要加强财政税收政策对民间金融的支持,充分发挥财政的杠杆作用,加大对贫困地区民营金融机构的支持。

第二,以税收优惠来支持民间资本融资,减免相应的税收来引导民间资本进入实体领域,对于民间资本纾解中小企业融资形成示范效应。

第三,从财政上对中小企业融资进行保障,引导财政资金支持中小企业融资担保公司的发展。最后,构建中小企业融资服务平台。由地方政府牵头,根据本地中小企业的发展状况和民间资本的规模,构建适合本地企业与民间资本的服务平台。

第四节 以实体经济为依托优化企业融资环境

产业集群通过企业抱团融资来凝聚中小企业融资的力量,很大程度上便利了中小企业融资,具有积极效应,但从我国的实际情况来看,这些效应尚未得到充分发挥。为大力促进产业集群内中小企业融资,应当借力产业集群平台,减少银企信息不对称,简化银企融资交易流程,完善中小企业融资交易制度。

一、依托产业集群,大力推进信贷融资技术创新

利用中小企业产业集群的融资优势,鼓励银行等金融机构广泛推进产业链融资、团体贷款、互助担保贷款等新型信贷融资技术。

第一,加快产业链融资,打造上下游融资链条。充分发挥产业集群的优势,通过核心企业的实力和信誉延伸产业链担保,银行等金融机构对于产业链进行融资,提供全方位的金融服务,以促进核心企业及上下游配套企业供应链的稳定和顺畅流转,纾缓中小企业融资困境。

第二,倚重乡土信用,加强团体贷款。中小企业集群的存在为团体贷款技术的运用提供了一个非常好的载体,集群的地域根植性使他们熟悉彼此的情况。处于团体内的中小企业,对其融资条件进行识别和筛选,信用记录和经营状况良好的企业可以相互组团申请贷款,而在贷款后,集群内的信息共享机制使得贷款企业之间更容易进行相互的监督和制约,以防止逃废债务的发生。

第三,加深互助担保贷款,实现风险共担。产业集群内中小企业联合起来通过互助担保的模式向金融机构进行融资。在实践中,可以通过依托行业公会组建的互助担保机构或成立担保公司的方式进行,

集群内中小企业基于相互信任、自愿互利,以会员制的形式各自拿出一部分资金,形成中小企业互助基金,并注册成立互助担保公司,为集群内中小企业向银行申请贷款提供担保,担保公司每年对会员企业进行信用审核。

二、加强政府引导,深化中小企业集群内部合作

从目前发展来看,我国产业集群内企业的分工较为独立,尚未形成较强的一体化状态,"小而全"状况使合作程度偏低。产业集群内的企业,应当更加注重专业化的分工与协作机制。

第一,充分建立大、中、小型企业分工协作机制。政府积极引导集群内中小企业建立专业化分工协作机制,鼓励各类产业的重点企业(大型和名牌产品生产企业)担当起产业发展的龙头。在此基础上,对中小企业应当明确相应的分工和合作意识,引导中小企业认识到市场竞争的严峻性,改变其"宁当鸡头、不做凤尾"和追求自创品牌、独立经营、不愿当配角的观念,促进大、中、小型企业分工协作关系的形成,增强集群内部中小企业合作意识和文化氛围。

第二,大力发展与中小企业集群内部合作的金融机构,具有适应性、针对性的特征。政府大力支持集群内部组建行业协会,形成中小企业互助基金,成立中小企业互助担保公司,为集群内中小企业向银行申请贷款提供担保。除此之外,积极鼓励集群内部建立集群内财务公司、集群内融资租赁公司等内生性合作金融机构,这类集群内部的合作金融机构,一方面增强了集群内部企业间的凝聚力,另一方面将中小企业集群的潜在融资优势转化为现实的融资优势。

三、深化金融改革,推动政府加大财政扶持力度

第一,发展区域性中小金融机构。中小金融机构扎根本地,服务

中小企业,是纾解区域性中小企业融资困境的重要机构,加大中小金融机构发展具有重要的现实意义。区域性中小金融机构根植于中小企业集群内部,能充分利用集群企业的信息交流机制和沟通平台,降低信息不对称所导致的道德风险和逆向选择成本,提高信贷效率,易于与集群内中小企业形成长期稳定的银企关系。因此,要为集群中小企业发展提供更好的金融服务,必须大力发展区域性中小金融机构,如浙江台州等地的城市信用社等,这些中小金融机构扎根本地,有效促进了中小企业融资困境的纾解。

第二,加快设立产业集群发展基金和风险投资基金。不论是产业基金还是风险投资基金,对于中小企业融资都起到了不可估量的重要作用。政府应当加大力度设立产业基金和风险投资基金,规范中小企业融资市场的建立。与此同时,对于某些特定产品,具有出口订单,生产技术和管理运作良好的企业,产业基金和风险基金应当加大力度进行支持。同时,从地方政府而言,应当资助具有良好前景的企业和产业,使得这些企业能够早日投入应用,抓住市场机遇,进行大规模拓展。

第三,地方政府要考虑到产业集群具有很强的"乘数效应",需要给予有针对性的支持。金融支持不应仅停留在单纯的税费减免、低息或贴息贷款等措施上,比如,产业集群内地方政府可抓住技术创新、技术转让等关键环节,按研发成本或技术创新成本的一定比例提高贷款,充分利用产业集群内高效的技术扩散机制,使有限的金融支持效果得以最大化。

第五节　以利率的市场化为契机倒逼金融改革深化

一、利率市场化提高资金运用效率

利率市场化能够增加资金的使用效率,对大多数企业尤其是中小企业融资而言,具有重要意义。对企业而言,利率市场化条件下短期资金能够获得更好的贷款利率,以此来降低中小企业融资成本,但贷款资金的利率取决于市场的整体资金面和期限等各种因素。在现行状态下,大企业在获得信贷融资方面具有很强的竞争力,极大地挤压了中小企业的融资空间。如果实现利率市场化,中小企业能够提高利率来获取银行贷款,使得金融资源的配置效率不断提高。与此同时,存贷利差缩小也迫使银行必然关注中小企业融资问题,以获得更加理想的效益。如果能够较好地对资产和负债进行管理,那么企业就能够获得更加理想的收益。总体来说,利率市场化能够更好地发挥市场在资源配置中的决定性作用,能够提高资金及金融资源的利用效率,也能够提高企业和银行的竞争优势。但不可否认,这种模式也导致了更大的金融风险,经营绩效考核水平较低的企业会抬高融资的市场价格,从而打压其他企业,导致好企业反而无法获得贷款这样的“劣币驱逐良币”问题,需要格外谨慎。

二、利率市场化优化银行信贷行为

从美国的经验来看,利率市场化过程中,银行的存款成本大幅上升,同时息差大幅收窄,在此背景下,银行业务需要转型。就中国当前的情况来看,银行将会减少对债券等低收益品种的配置,而更倾向于配置贷款等高收益品种。同时,随着监管部门逐步强化对影子银行的监管,前期银行通过信托、票贴等通道投放给地方平台公司、城投公司的现象大幅减少,从而将腾出的信贷额度进一步投放到普通贷款中。而在普通贷款中,中小企业贷款的投放可以兼顾收益原则和政策导向原则。因此,随着利率市场化改革的推进,银行的信贷行为将会进一步优化,从而有利于中小企业融资。尽管中小企业贷款利率远高于大企业贷款利率,但对于中小企业而言,银行贷款利率仍大大低于民间借贷利率。

三、利率市场化优化非银行金融机构行为

在利率市场化的过程中,银行存款利率由于受到管制,很难依赖低利率获得存款,从而影响银行的信用创造功能。在此过程中,非银行金融机构(如信托基金、证券机构)则可以通过类理财产品、信托产品、资管产品来吸引投资,并通过合规的委托贷款、信托贷款等渠道投放到信贷市场。非银金融的这一功能大大弥补了银行系统信贷扩张受限带来的供给收缩。当然,由于目前理财产品、信托产品的收益率普遍偏高,短期内信托贷款、委托贷款的利率仍然高于银行贷款利率。但是,与银行的小微贷款高利率类似,即便信托贷款和委托贷款的利率偏高,但仍然比民间借贷的利率优惠,这将大大改善中小企业的融资格局。随着利率市场化的推进,理财、信托产品的收益率将会逐步下降,从而进一步减少中小企业的融资成本。

参考文献

[1] Aggarwal R K, Wu G, 2003. Stock market manipulation-theory and evidence[C]. AFA 2004 San Diego Meetings.

[2] Akindemowo E, 2011. Recalibrating abstract payments regulatory policy: a retrospective after the Dodd-Frank Act[J]. Kansas Journal of Law & Public Policy (1): 86-120.

[3] Allen F, McAndrews J, Strahan P, 2002. E-Finance: an introduction[J]. Journal of Financial Services Research (1-2): 5-27.

[4] Ang J S, 1991. Small business uniqueness and the theory of financial management [J]. Journal of Small Business Finance (1): 1-13.

[5] Bachmann A, Becker A D, Buerckner et al., 2011. Online peer-to-peer lending - a literature review [J]. Journal of Internet Banking & Commerce (2): 1-18.

[6] Barasinska N, 2009. The role of gender inlending business: evidence from an online market for Peer-to-Peer lending [R]. FINESS, Working Paper.

[7] Berger A N, De Young R, 2001. The effects of geographic

expansion on bank efficiency[J]. Journal of Financial Service Research (2):163-184.

[8] Berger A N,Udell G F,1998. The Economics of small business finance: the role of private equity and debt markets in the financial growth cycle[J]. Journal of Banking and Finance (6): 613-673.

[9] Berger A N,Udell G F,2002. Small business credit available and relationship lending: the importance of bank organizational structure[J]. Economic Journal,112:32-54.

[10] Berger S C, Gleisner F, 2007. Electronic marketplace and intermediation: an empirical investigation of an online P2P lending marketplace [R]. University of Frankfurt, Working Paper.

[11] Berger S, Gleisner F, 2009. Emergence of financial intermediaries in electronic markets: the case of online P2P lending[J]. Social Science Electronic Publishing (1): 39-65.

[12] Bradford W D,Chen C,2004. Creating government financing programs for small and sized enterprises in China [J]. China&World Economy(2):50-65.

[13] Chaffee E C, Rapp G C,2012. Regulating online peer to peer lending in the aftermath of Dodd-Frank: in search of an evolving regulatory regime for an evolving industry [J]. Washington and Lee Law Review:(2)485-532.

[14] Choo K-K R,2009 . Money Laundering and terrorism financing risks of prepaid cards instruments? [J]. Asian Criminology (4):11-30.

[15] Cole R A,Goldberg L G,White L J,2004. Cookie-cutter versus character: the micro structure of small business lending by large and small banks' [J]. Journal of Financial and Quantitative Analysis, 39: 362-389.

[16] Collier B, Hampshire R, 2010. Sending mixed signals: multilevel reputation effects in peer to peer lending markets [R]. FINESS,Working Paper.

[17] Freedman S M, Jin G Z, 2011. Learning by doing with asymmetric information: evidence from Prosper. com [R]. National Bureau of Economic Research, Working Paper.

[18] Garmaise M, 1997. Informed investors and the Financing of Entrepreneurial Projects [R]. Stanford University, Working Paper.

[19] Goldman S,2012. Mobile monetization:does the shift in traffic pay? [R]. Working Paper.

[20] Greiner M E, Hui W, 2009. The role of social capital in people-to-people lending marketplaces [C]. International Conference on Information Systems.

[21] Hannon T H J, McDowell M,1984. Market concentration and diffusion of new technology in the bank industry[J]. Review of Economics and Statistics (5):11.

[22] Harhoff D,Körting T,1998,Lending relationships in Germany: empirical evidence from survey data[J]. Journal of Banking and Finance (10-11):1317-1353.

[23] Hodgman D R, 1960. Credit risk and credit rationing[J]. Quarterly Journal of Economics(5) :258-278.

[24] Horworth C A, 2001. Small firms demand for finance: a research note[J]. International Small Business Journal (4): 78-86.

[25] Hughes S J, Middlebrook S T, Peterson B W, 2007. Developments in the law concerning stored-value cards and other electronic payments products[J]. The Business Lawyer (11):237-271.

[26] Jensen M, Mecking W, 1976. Theory of the firm: managerial behavior, agency costs and ownership structure[J]. Journal of Financial Economics (3):305-360.

[27] Lin M, Prabhala N R, Viswanathanr S, 2009. Social networks as sigaling mechanisms: evidence from online Peer-to-Peer lending [R]. Smith School of Business, University of Mayland, Working paper.

[28] Loungani, Prakash, Trehan et al. , 1997. Job creation and destruction[R]. FRBSF Economic Letter.

[29] Madan D, Soubra B, 1991. Design and marketing of financial products[J]. Review of Financial Studies (4): 361-384.

[30] Majluf M, 1984. Corporate financing and investment decisions when firms have information that investors do not have[J]. Journal of Financial Economics (2):187-221.

[31] Mehra Y P, 1989. Cointegration and a test of the quantity theory of money [R]. Federal Reserve Bank of Richmond, Working Paper.

[32] Merton R, 1989. On the application of the continuous time theory of finance to financial intermediation and insurance[J].

The Geneva Papers on Risk and Insurance，14：225-262.

［33］Miller M H，1986. Financial innovation：achievements and prospects［J］. Joumal of Applied Journal of Applied and Corporate Finance (4)：4-11.

［34］Modigliani F，Miller M，1958. The cost of capital，corporate finance and the theory of investment［J］. American Economie Review，48：197-261.

［35］Morgan D P，Rime B，Strahan P E，2004. Bank integration and state business cycles［J］. The Quarterly Journal of Economics (4)：1555-1584.

［36］Ottati G D，2002. Social concentration and local development：the case of industrial districts［J］. European Planning Studies (4)：613-673.

［37］Pagano M，1993. The flotation of companies on the stock market：a coordination failure model［J］. European Economic Review (5)：1101-1125.

［38］Peterson M A，Rajan R G，1994. The benefits of lending relationships evidence from small business data［J］. The Journal of Finance (1)：3-37.

［39］Pope D G，Sydnor J R，2011. What's in a picture? evidence of discrimination from Prosper. com［J］. Journal of Human Resources (1)：53-92.

［40］Puro L，Teich J E，Wallenius H et al. ，2010. Borrower decision aid for people-to-people lending［J］. Decision Support Systems (1)：52-60.

［41］Ruan J，Zhan X，2009. Finance and cluster-based industrial development in China[J]. Economic Development and Cultural Change (1):143-164.

[42] Sheik S, 2013. Fast forward on crowdfunding [J]. The Computer & Internet Lawyer (8):17-21.

[43] Sienkiewicz S, 2007. Prepaid cards: vulnerable to money laundering? [R]. Federal Reserve Bank of Philadelphia Payment Cards Center, Discussion Paper.

[44] Stiglitz J, 1994. Whither Socialism? [M]. Cambridge: MIT Press.

[45] Stiglitz J, Weiss A,1981. Credit rationing in the market with imperfect information[J]. American Economic Review (3): 393-410.

[46] Strahan P E,Weston J P,1998. Small business lending and the changing structure of banking industry[J]. ournal of Banking and Finance (6-8):821-845.

[47] Sullivan R J,2006. The supervisory framework surrounding nonbank participation in the U. S. retail payments system: an overview[R]. Federal Reserve Bank of Kansas City, Working Paper.

[48] Tufano P, 2003. Financial innovation [J]. Handbook of the Economics of Finance (4):307-335.

[49] Van Horne J C, 1985. Of financial innovations and excesses [J]. Journal of Finance (3): 621-636.

[50] Wendel C B, Harvey M, 2006. SME credit scoring: key initiative, opportunities and issues[J]. Access Finance (10): 35-41.

［51］Witinan P D,Roust T L,2008 . Balances and accounts of online banking users：a study of two US financial institutions［J］. International Journal of Electronic Finance（2）：197-210.

［52］巴曙松,2012.将小微金融发展作为下一步金融改革的重点［J］.中国金融电脑（11）：24-27.

［53］巴曙松,2012.中国金融改革的方向［J］.经济（12）：12.

［54］陈时兴,2007. 推进农村民间金融规范化的思考［N］. 学习时报（4）：12-17.

［55］陈时兴,2007.浙江中小金融机构发展动因、模式与对策研究［J］.浙江学刊（3）：219-224.

［56］陈溪华,郑小胡,2005.化解我国银行不良资产：一种新途径的探索［J］.科学·经济·社会（2）：57-61.

［57］谌争勇,2019.制约小微企业融资的成因分析与优化路径［J］.金融经济（24）：56-57.

［58］邓大才,2004.需求诱导性制度变迁与农村民间金融的制度化［J］.人文杂志（5）：81-86.

［59］邓其伟,2011.我国中小企业股权融资问题及对策探析［J］.中国商贸（24）：115-116.

［60］邓其伟,2013. 基于关联并购的我国上市公司大股东掏空行为研究［D］.成都：西南财经大学.

［61］丁崇泰,2019.政府创业投资引导基金发展及美国经验借鉴［J］.地方财政研究（3）：107-112.

［62］段银弟,2003.从制度变迁的路径依赖理论看中国金融制度变迁［J］.中国金融（10）：55-56.

［63］段银弟,2003.论中国金融制度变迁的效用函数［J］.金融研究（11）：89-94.

[64] 范王榜,张美丽,2007.非对称信息、信贷配给与中小企业间接融资缺口的经济学分析[J].西北大学学报(哲学社会科学版)(2):60-63.

[65] 方锦,张迎春,张亚慧,等,2020.金融支持民营小微企业思考:以长春市双阳区为例[J].吉林金融研究(10):39-41.

[66] 冯瑶,2018. 小微金融:分类施策方可精准发力[N]. 金融时报,11-27(02).

[67] 高明华,2008.再论中小金融机构发展与中小企业融资[J].金融理论与实践(10):57-60.

[68] 葛延青,2019.关于普惠金融支持小微企业发展研究[J].中国中小企业(11):163-166.

[69] 郭斌,刘曼路,2002.民间金融与中小企业发展:对温州的实证分析[J].经济研究(10):40-46,95.

[70] 贺文娜,2020.小微企业互联网融资的优势及风险分析[J].商场现代化(24):87-89.

[71] 侯鸿璠,2019.基于互联网金融的小微企业融资问题及其对策研究[J].企业改革与管理(22):91-92.

[72] 金娇娇,2019.资金流量视角下金融机构与企业发展研究:以迪庆藏族自治州为例[J].全国流通经济(32):112-114.

[73] 康永博,王苏生,彭珂,2019.风险投资发挥监督作用了吗?风险投资对公司创业投资(CVC)信息披露制度作用发挥的影响研究[J].管理评论(5):203-212.

[74] 黎纪东,王侃钰,2013.应对苏州人口老龄化的金融产品与服务创新:以国际经验为鉴[J].中外企业家(33):269-271.

[75] 黎纪东,2013."大数据时代"小微企业金融服务的发展[J].中外企业家(27):101-102.

[76] 李大武,2001.中小企业融资难的原因剖析及对策选择[J].金融研究(10):124-131.

[77] 李鹏,2011.规范民间金融发展缓解中小企业融资难题[J].科技信息(8):411-412.

[78] 李士华,徐勇,杨广彬,等,2019.创业投资发展模式创新研究:基于美国创业投资发展模式[J].现代商贸工业(20):40-41.

[79] 李琰,2012.农村小型金融机构发展中的风险控制分析[J].河南商业高等专科学校学报(2):1-4.

[80] 李琰,2014.民间金融规范化发展研究[J].现代商业(6):30.

[81] 李琰,魏翔,李红霞,2011.我国农村民间金融现状与对策研究[J].安徽农业科学(31):19537-19539.

[82] 李扬,2012a.改革是中国银行业的生命线[J].中国金融(1):18-20.

[83] 李扬,2012b.未来中国金融改革与发展展望:从服务实体经济角度的思考[J].江淮论坛(6):8-12,24.

[84] 李扬,杨思群,2001.银行与中小企业融资问题研究[J].上海金融(10):4-6.

[85] 李志赟,2002.银行结构与中小企业融资[J].经济研究(6):38-45,94.

[86] 练尚斌,2018.小微企业以互联网金融融资的风险研究:以 JD 为例的小微企业网络小额贷款模式[J].财会学习(35):174-176.

[87] 梁冰,2005.我国中小企业发展及融资状况调查报告[J].金融研究(5):120-138.

[88] 梁君,2011.破解我国中小企业融资难的问题研究[J].改革与开放(14):86-87.

[89] 林东阳,2018.基层央行推进金融领域社会信用体系建设的实践

与思考:以福建省泉州市为例[J].福建金融(12):79-83.

[90] 林毅夫,李永军,2001.按照比较优势调整产业结构,减少金融风险[J].改革(1):57-64.

[91] 林毅夫,李永军,2001.中小金融机构发展与中小企业融资[J].经济研究(1):10-18,53-93.

[92] 林毅夫,孙希芳,2005.信息、非正规金融与中小企业融资[J].经济研究(7):35-44.

[93] 刘鸿,2020. 探析互联网金融背景下邮储银行企业信贷业务[N]. 山西经济日报,12-30(08).

[94] 刘伦,唐若蓝,2012.小微金融服务实体经济的创新路径分析[J].北京金融评论(3):107-114.

[95] 刘文芳,2011.解决我国中小企业融资难对策探讨[J].财经界(10):63,65.

[96] 刘兴赛,2012.小微金融业务的电子银行应用[J].国际金融(10):27-32.

[97] 娄飞鹏,2020. 加强金融产品创新才能更好支持小微企业[N].经济参考报,11-26(01).

[98] 卢高翔,2012.中小企业间接融资问题研究[J].合作经济与科技(3):71-73.

[99] 卢高翔,2012.中小企业融资困境与对策浅析[J].法制与经济(下旬)(2):86-87.

[100] 罗霞,2011.对金融支持农业产业化企业发展的调查与思考:娄底个案[J].金融经济(14):103-105.

[101] 罗霞,2011.中小企业互助担保融资模式研究:以山东禹城为例[J].生产力研究(8):186-187,205.

[102] 孟方琳,等.演化经济学视角下我国创业投资体制的演进历程、

经验与政策研究[J/OL].(2019-06-23)[2021-5-10].http://kns.cnki.netkcmsdetail/51.1587.F.20190619.1521.022.html.

[103] 乔魏,戴蕙阳,高建,2019.创业投资机构持有时间对被投企业创新的影响[J].技术经济(4):84-94,106.

[104] 苏峻,何佳,韦能亮,2011.创业板与中小企业融资问题再探:基于卢卡斯悖论的思考[J].证券市场导报(6):9-13.

[105] 田增瑞,高庆浩,宋雅雯,等,2019.网络位置、经营时间与创业投资机构投资绩效[J].中国科技论坛(5):77-86.

[106] 汪卫芳,2012.美国社区银行模式对中小商业银行发展的启示[J].统计与决策(12):167-170.

[107] 汪卫芳,2012.我国小微企业贷款困境及对策思考[J].学术探索(6):92-94.

[108] 王金凤,2009.金融危机下中小企业的应对策略[J].北方经济(20):57-59.

[109] 王宁,2011.构建与新农村建设相适应的农村金融体系的对策研究[J].市场论坛(7):24-25.

[110] 王晓杰. ,2008人民币国际化若干问题初探[J].经济与社会发展(6):35-37.

[111] 王岳,赵庆国,2009.中小企业间接融资的 SWOT 分析及对策[J].现代经济(现代物业下半月刊)(8):52-54.

[111] 王振营,李江平,2020.实施内外联动策略,加快推进金融业全面开放[J].金融市场研究(12):48-53.

[112] 于祖强,潘家栋,2019.推动民营经济持续健康发展[N].浙江日报,03-13(07).

[113] 魏守华,刘光海,邵东涛,2002.产业集群内中小企业间接融资

特点及策略研究[J].财经研究(9):53-60.

[114] 邢乐成,梁永贤,2013.中小企业融资难的困境与出路[J].济南
大学学报(社会科学版)(2):1-7,91.

[115] 邢乐成,韦倩,王凯,2011.中小企业投融资公司:破解中小企业
融资难的新途径[J].山东社会科学(1):88-94.

[116] 熊进光,潘丽琴,2013.中国民间金融的法律监管问题[J].重庆
大学学报(社会科学版)(1):20-24.

[117] 徐文舸,2019.年创业投资市场的机遇与挑战[J].宏观经济管理
(4):25-29,41.

[118] 徐文舸. 2019:创业投资市场向高质量发展[N]. 中国经济时
报,04-09(04).

[119] 许文杰,林美雅,2018.新场景下小微金融运用与实践[J].现代
经济信息(22):275,277.

[120] 续瑞敏,2018,石磊.互联网金融下小微企业融资困境及对策
[J].中外企业家(33):52-53.

[121] 严天喜,2018.浅析缓解小微企业融资难的金融对策[J].纳税
(12):183-184.

[122] 杨天宇,2002.国有商业银行对民营企业的信贷配给行为研究
[J].经济科学(4):56-63.

[123] 杨天宇,2002.我国民营企业直接融资的制度性障碍[J].经济管
理(20):75-79.

[124] 杨晓伟,徐建军,2019.提升宁波创业投资引导基金绩效的策略
研究[J].企业科技与发展(4):15-16.

[125] 杨再斌,匡霞,2004.上海国际金融中心建设条件的量化研究
[J].华东理工大学学报(社会科学版)(1):27-32.

[126] 杨再斌,匡霞,2003.国有商业银行对中小企业信贷配给行为的

内生制度根源分析[J].财贸研究(1):26-32.

[127] 易纲,2000a.目前宏观经济的若干问题[J].中国经贸导刊(10):9.

[128] 易纲,2000b.全球金融一体化对我国的影响及对策[J].发展论坛(11):21-24.

[129] 易国庆,2000.关于私营企业财务管理现状的思考[J].中国乡镇企业会计(9):8.

[130] 尹丹莉,2011.当前我国财政扶持中小企业融资的政策分析[J].中央财经大学学报(8):18-22.

[131] 于占东,于洪涛,2019.金融支持民营小微企业发展存在的问题及建议:以双鸭山市为例[J].黑龙江金融(12):14-15.

[132] 喻微锋,康琦,周永锋,2020.商业银行设立普惠金融事业部能提高小微企业信贷可得性吗?——基于 PSM-DID 模型的实证检验[J].国际金融研究(11):77-86.

[133] 袁诚,周培奇,2010.中国中小企业间接融资的所有制歧视:来自双差分估计的经验证据[J].南方金融(12):10-17.

[134] 詹文超,2019.创业投资激励政策研究[J].科技经济导刊(7):175,210.

[135] 张宝山,张小妮,党珊,2013.我国商业银行小企业金融产品创新比较研究[J].南方金融(2):70-74.

[136] 张杰,2000a.民营经济的金融困境与融资次序[J].经济研究(4):3-10,78.

[137] 张杰,2000b.衍生金融工具对现行财务报告的挑战[J].北方经贸(6):186-187.

[138] 张捷,2003.我国金融风险防范的思考[J].改革与战略(4):57-59.

[139] 张捷,王霄,2002.中小企业金融成长周期与融资结构变化[J].
世界经济(9):63-70.

[140] 张兰盟,2018.金融支持小微企业思考:以甘肃省平凉市为例
[J].青海金融(11):55-57.

[141] 张龙耀,吴婷婷,2009.银行规模与银企融资关系:基于苏南县
域中小企业的实证研究[J].经济理论与经济管理(8):51-55.

[142] 张维,喻颖,张永杰,等,2008.中国金融服务业的创新:新世纪
的观察[J].系统工程理论与实践(8):159-170.

[143] 张艳婷,2012.产业集群视角下的泉州市中小企业融资模式研
究[D].厦门:华侨大学.

[144] 张扬,何宏伟,2008.产业集群内中小企业融资难题破解途径
[J].大连民族学院学报(2):166-169.

[145] 郑云涛,2019.创业投资企业的经营风险管理机制探讨[J].市场
研究(4):52-53.

[146] 周业安,2003.单一的股票市场无法生存[J].中国企业家
(12):36.

[147] 朱理,2020.金融支持民营小微企业发展:以蚌埠市为例[J].青
海金融(9):50-52.

后　记

　　中小企业融资难、融资贵一直是业界、学术界关注的热点话题。本书探索金融制度创新对中小企业融资困境的纾解，旨在为我国创新金融制度、纾解中小企业融资困境提供经验启示。在机理分析的基础上，本书选取了县域综合创新、创业投资发展以及政府服务优化等方面的地方实践，来研究金融制度创新纾困中小企业融资的典型经验。在书稿完成过程中，得到了社会各界的大力支持。特别感谢浙江大学、中共浙江省委党校等单位的大力支持，感谢浙大城市学院谢文武教授、浙江中医药大学刘莉云副教授、浙江财经大学唐兆希副教授等专家学者为本书在理论构建等方面所做出的共享，感谢杭州电子科技大学韩沈超博士、浙江科技学院陈昊博士、浙江大学薛天航博士等所做的基础性研究工作。

　　本书虽然较为全面地探讨了金融制度创新与中小企业融资困境纾解，但在当前"双循环"新发展格局之下，金融制度创新仍旧在不断推进，包括小微金融服务、注册制改革、资本反垄断等，这些工作的推进也为中小企业融资困境的纾解营造了良好的环境。新阶段面临着新格局、新趋势，需要新理念、新战略和新动能，这对理论的前沿性、案例的典型性和素材的多样性提出了更高的要求。为此，笔者和团队将继续对新发展格局之下金融制度创新纾解中小企业融资困境的新实践和新模式做深入探索。

　　由于本书已完成终稿,付梓在即,敬请学术界和实务界的同仁提出宝贵意见。

2021 年 9 月